D1921957

»Sehr interessant, sehr polemisch, sehr scharfsinnig« Joschka Fischer

In jüngster Zeit hat sich in der deutschen Politik und Gesellschaft eine Geisteshaltung durchgesetzt, deren oberster Grundsatz lautet: »Weniger Staat!« Doch linksliberale Emanzipationsapostel und marktgläubige Deregulierer ahnen gar nicht, daß sie am selben verhängnisvollen Projekt arbeiten: an der Auflösung des Gemeinwesens. In seinem Buch setzt Jan Roß der neuen Institutionenfeindlichkeit ein leidenschaftliches Plädoyer für den Staat entgegen. Denn nur dieser kann die sozial Schwachen schützen und das Auseinanderbrechen der Gesellschaft verhindern.

»Eine furiose Polemik gegen den amoklaufenden Liberalismus; ein flammendes Plädoyer für die Rettung des Staates, der Politik und der europäischen Zivilisation« Matthias Greffrath

»Ein Beitrag zu einer notwendigen Debatte, der die Lektüre lohnt.« ›die tageszeitung‹

Jan Roß, geboren 1965 in Hamburg, war Berlin-Korrespondent der ›Frankfurter Allgemeinen Zeitung‹, dann ihr Redakteur für Neue Sachbücher. Danach betreute er das Sachbuchressort der ›Berliner Zeitung‹. Heute schreibt er für ›Die Zeit‹ aus Berlin.

Jan Roß

Die neuen Staatsfeinde

Was für eine Republik wollen Schröder, Henkel, Westerwelle und Co.?
Eine Streitschrift gegen den Vulgärliberalismus

Fischer Taschenbuch Verlag

Vom Autor aktualisierte Ausgabe
Veröffentlicht im Fischer Taschenbuch Verlag GmbH,
Frankfurt am Main, Januar 2000

Lizenzausgabe mit Genehmigung
des Alexander Fest Verlages, Berlin
© Alexander Fest Verlag, Berlin 1998, 2000
Druck und Bindung: Clausen & Bosse, Leck
Printed in Germany
ISBN 3-596-14629-1

Inhalt

1 Focusrepublik Deutschland

Der Erfolg des Magazins ›Focus‹ ist ein viel zu wenig beachtetes Schlüsselphänomen der deutschen Gegenwart. Wie von Geisterhand eroberte die Zeitschrift seit ihrer Gründung im Jahr 1993 einen Markt, von dem vorher nicht einmal bekannt war, daß er überhaupt existierte. Statt, wie erhofft oder befürchtet, dem ›Spiegel‹ einen Verdrängungswettbewerb zu liefern, hat ›Focus‹ neben dem kritischen Zentralorgan der alten Bundesrepublik eine neuartige journalistische Welt aus dem Nichts geschaffen, mit eigenen Themen, Formen, Affekten und einem Publikum, das man sich kaum aus »Lesern« im herkömmlichen Sinn zusammengesetzt denken kann – so analphabetisch wirkt die ›Focus‹-Kultur. Die Alienhaftigkeit des Produkts, die gar keine wirkliche Konkurrenzsituation entstehen läßt, aber auch seine entwaffnende geistige Anspruchslosigkeit haben es, wie »unsichtbare«, vom Radar nicht zu erfassende Bomber moderner Luftflotten, unter den intellektuellen Frühwarnsystemen der Kulturkritik gleichsam hindurchfliegen lassen. Nur so läßt sich die geradezu sträflich geringe öffentliche Aufmerksamkeit erklären, die das ›Focus‹-Phänomen bislang gefunden hat. Denn daß sich hier über die Medienlandschaft hinaus eine echte Veränderung in Gesellschaft und Politik der Bundesrepublik zeigt, ist nicht zu bezweifeln. Man redet von der Berliner Republik; aber wodurch sie sich von der Bonner unterscheidet, ist einstweilen ›Focus‹.

Als politisches Symptom wird das Magazin nicht ernstgenommen. Es ist wie mit dem Auftauchen des Privatfernsehens: Intellektuelle bedauern wohl die Trivialisierung und Verrohung, die damit einhergegangen ist, aber als Machtfaktor scheint das neue Medienangebot keine Rolle zu spielen. Ein Rechtsruck, wie ihn bürgerliche Politiker bei der Brechung des öffentlich-rechtlichen Rundfunkmonopols im Sinn gehabt haben mögen, hat nicht stattgefunden. Richtungsfragen gehen in der Supermarktfülle der Informations- und Unterhaltungsflut einfach unter; gezielte Manipulation wird in der Flimmerwelt des Zappens und Channel-Hoppens unmöglich. Lediglich eine generelle Entpolitisierung, ein Verdummungsprozeß kann als Folge der Medienexpansion beklagt werden. So erscheint dann auch ›Focus‹: eine Art gedrucktes Privatfernsehen, das gar kein Interesse mehr verfolgt außer dem einen an einer möglichst hohen Einschaltquote, hier also an der Auflage. Während die Springer-Presse für eine ganze politische Generation zum Haßobjekt werden konnte, wird Helmut Markwort, der Chefredakteur von ›Focus‹, allenfalls im Satiremagazin ›Titanic‹ verulkt.

Dennoch gibt es so etwas wie eine ›Focus‹-Politik. Es ist allerdings eine unpolitische oder sogar antipolitische Politik, weil sie sich gegen jene Instanz richtet, die gemeinhin als Inbegriff des Politischen angesehen wird. ›Focus‹ ist gegen den Staat oder, wie die weniger anstößige, vielmehr allgemein akzeptierte Formel lautet, für weniger Staat. Nicht so wie der ›Spiegel‹ natürlich, der unverdrossen das Image der Gegenmacht, der Antiautorität pflegt. Markenzeichen des ›Spiegel‹ ist die Kritik an der Obrigkeit, ein klassisches Geschäft des aufklärerischen Journalismus, das er noch immer in hergebrachter Weise übt, wenn er etwa in der Plutoniumschmuggel-Affäre oder nach dem Anti-Terror-Debakel von Bad Kleinen den Behörden auf die Finger sieht. Ganz anders ›Focus‹. Gegen den Staat hat auch er etwas, aber Staat heißt hier nicht Herrschaft, sondern Bürokratie – faule Lehrer oder schikanöse rot-grüne Genehmigungsverfahren für die segensreichen Produkte der Gentechnik. Der Staat ist für ›Focus‹ ein Vorschriftendschungel, der gelichtet gehört, damit tatkräftige Unternehmer und überhaupt die Privatinitiative freie Bahn bekommen. Und der Staat ist ein Abgabenmoloch, ein monströses Groschengrab, in dem das sauer verdiente Geld der Steuerzahler auf Nimmerwiedersehen verschwindet, ausgegeben für die Alimentierung irgendwelcher Nichtstuer und Tagediebe. Die Staatskritik des ›Focus‹ ist, mit einem Wort, rein ökonomisch. Wohl bemüht man das Pathos der radikalliberalen Rhetorik und fordert die Befreiung des Bürgers aus der Untertanenrolle, die ein gängelnder Gesetz- und Verordnungsgeber ihm zumute. Aber als Gegensatz zum Untertan ist hier nicht der Bürger als politischer Souverän gedacht, sondern der »König Kunde«. Das Vollbild dieser Art von Freiheitspropaganda hat sich folgerichtig in der Kampagne für die Lockerung der Ladenschlußvorschriften gezeigt, aus der man den Eindruck gewinnen mußte, wer nicht nach halb sieben einkaufen dürfe, sei so schlimm dran wie unter Leibeigenschaft und Inquisition zugleich. Das war das ideale ›Focus‹-Thema.

Das ›Focus‹-Universum ist eine moderne Märchen- und Sagenwelt. Der Staat ist der böse Drache, ein Lindwurm, der auf einem Nibelungenschatz angehäufter Steuergelder hockt und jeden zu verschlingen droht, der gegen die Spielregel des Beamtenmikados verstößt: Wer sich zuerst bewegt, hat verloren. Dem Drachen steht die Lichtgestalt gegenüber, »der Bürger«, der freilich seltsame Metamorphosen zwischen siegfriedmäßiger Heldengröße und bitterem Duldertum zu durchlaufen hat. Bald sichert er als Existenzgründer oder Erfinder »pfiffiger Produkte« die Zukunft des Standorts Deutschland, bald jammert er als verfolgte Unschuld über die drückende Last des Solidaritätszuschlags oder über die Zahlungen an die Europäische

Union. Eben noch voller Vertrauen auf die Selbstheilungskräfte der Wirtschaft, die mit Teilzeitjobs und Zeitarbeit den Reformstau überwindet (»Umbruch auf dem Arbeitsmarkt: Gegen den Widerstand der Politik erobern moderne Beschäftigungsformen die Betriebe«), muß der Leser des Magazins gleich wieder schmerzliche Erfahrungen mit der Unberechenbarkeit des freien Marktes machen: »Steuern gespart ... Geld verloren! Millionen Deutsche in der Abschreibungs-Falle.« Hitlisten der führenden Herzspezialisten oder Krebsexperten befriedigen das doppelte Bedürfnis, in einer knallharten Leistungsgesellschaft zu leben, objektiviert in Tabellen und Punktwertungen, und zugleich an die Hand genommen zu werden wie ein unmündiges Kind. Der ›Focus‹-Deutsche schwankt zwischen Optimismus und Verzagtheit, zwischen Größenwahn und Weinerlichkeit. Gern möchte er ein kraftstrotzendes Individuum sein, ein Einzelkämpfer und Selbsthelfer wie die Unternehmerheroen in der großen Zeit des Kapitalismus, dem Margaret Thatcher und Ronald Reagan in den achtziger Jahren eine Renaissance verschafft haben. Aber dieses Kostüm ist dem ›Focus‹-Bürger doch ein paar Nummern zu groß. In Wahrheit ist er ein typisches Produkt der bundesdeutschen Angestelltenkultur, auf hunderterlei Weise von ebenjenem Sozialstaat gemästet, dessen Verfettung er lauthals beklagt, ein Maulheld der Freiheit, des Risikos und des Abenteuers. Die ›Focus‹-Ideologie ist ein kleinbürgerlicher Gratisradikalismus.

In der Märchenwelt des ›Focus‹ gibt es eine magische Formel, die den bösen Drachen Staat in ein nützliches Haustier verwandeln kann. Das Zauberwort heißt »Dienstleistung«. Der Staat soll sich in ein Stück Wirtschaft verwandeln, flexibel und effizient. »100 Milliarden sparen ... na und?« war im Sommer 1997 ein ›Focus‹-Titel. Das Magazin hatte die Unternehmensberatung Kienbaum damit beauftragt, die öffentlichen Haushalte zu durchforsten.

»Deutschland rationell – das wäre für den Standort ebenso wichtig wie schlagkräftig-schlanke Unternehmen.« Daß ein Staat etwas anderes sein könnte als ein Wirtschaftsbetrieb, daß man ihn vielleicht besser von einem Verwaltungswissenschaftler oder durch den Rechnungshof unter die Lupe nehmen lassen sollte – kein Gedanke daran bei ›Focus‹. »Der öffentliche Sektor muß sich viel stärker am Kunden, also am Bürger, orientieren«, läßt sich die Zeitschrift von Jochen Kienbaum bestätigen. »Ein einfaches Beispiel ist der Reisepaß: Wie geht das für den Bürger am schnellsten, am kostengünstigsten?« Sollte sich der schnell und kostengünstig hergestellte Paß freilich als nicht ganz fälschungssicher erweisen, ›Focus‹ wäre der erste, der auch dies als Staatsversagen anprangerte. Der Dienstleister Bundesrepublik soll das Portemonnaie schonen wie der letzte Billiganbieter und Sicherheit garantieren wie der alte Vater Staat.

Die Idee vom Staat als Dienstleistungsunternehmen ist in Deutschland mittlerweile so populär geworden, daß man sie kaum mehr als Signal für eine bestimmte Politik empfindet. Die Beamten sind die bestgehaßte Berufs- und Bevölkerungsgruppe, noch vor den Politikern und weit vor den »Nieten in Nadelstreifen«, den ebenfalls hier und da als Versager attackierten deutschen Managern. Daß die Bürokratie gefälligst kundenfreundlicher werden solle, meint nicht nur die Wirtschaft, sondern auch die Linke, die immer noch das Feindbild vom reaktionären preußischen Staatsdiener und Hoheitsträger im Kopf hat. »Der demokratische Verfassungsstaat ist nicht länger Obrigkeitsstaat, er ist Dienstleistungsbetrieb in einer Bürgergesellschaft«, erklären die Grünen. Sie klagen als politischen Fortschritt ein, was ›Focus‹ zur Effizienzsteigerung fordert. Von dieser ungewohnten Koalition wird noch öfter die Rede sein; sie ist es, die der gegenwärtigen Staatskritik ihre Schlagkraft verleiht und sie zu einer neuen politischen Einheitsweltanschauung gemacht hat. Auch dieses Mitschwimmen im Meinungsstrom, die Bedienung von Durchschnittsstimmungen ist für ›Focus‹ charakteristisch. Denn das Magazin unterscheidet sich vom traditionellen Journalismus mit aufklärerischem Anspruch im wesentlichen dadurch, daß es Kritik durch Ressentiment ersetzt. Das Beispiel des ›Spiegel‹ lehrt zwar, wie reflexhaft, vorurteilsgesteuert und letztlich angepaßt die habituelle Kritik werden kann. Aber es bleibt doch ein Unterschied zwischen der Grundhaltung einer Kritik, die sich nach oben richtet, gegen ein wie auch immer fiktives Establishment, und dem Ressentiment, das nach unten zielt, oder besser: aus einer Position der Stärke gegen die Schwachen, vom Zentrum zum Rand hin, als Stimme der Mehrheit gegen die Minderheit. Wenn etwas im ›Focus‹ angegriffen wird, kann man sicher sein, daß es die stärkeren Bataillone schon gegen sich hat.

Wie soll man den politischen Ort des ›Focus‹ bestimmen? ›Focus‹ ist gegen die Linken, aber niemand wird auf die Idee kommen, das Blatt konservativ zu nennen. Aktualität, Reformfähigkeit (worunter Flexibilisierungen wie beim Ladenschluß zu verstehen sind), Modernisierung sind ihm das Höchste; Fortschrittsskepsis, Zivilisationskritik und Kulturpessimismus liegen ihm als elitäre Miesmacherei denkbar fern – denn intellektuell ist die Zeitschrift, die sonst dafür plädiert, daß Leistung sich wieder lohnen müsse, egalitär wie RTL oder SAT 1. Den Sozialismus und die Gewerkschaften lehnt ›Focus‹ nicht deshalb ab, weil sie revolutionär wären, sondern weil sie von gestern sind. Daß es nobel sein könnte, auf verlorenem Posten zu kämpfen, daß die siegreiche Sache den Göttern gefiel, die besiegte aber dem Cato – solche altbürgerlichen Empfindungen sind für ›Focus‹ völlig unvorstellbar. Die Zeitschrift hat sich im Streit um die Rechtschreibreform über die Donquichotterie des ›Spiegel‹ lustig gemacht, der angekündigt hatte, die alte Orthographie so lange wie möglich beizubehalten; als sich der Protest gegen die neuen Schreibweisen dann allerdings zur Massenbewegung ausweitete, wurde ›Focus‹ in seinem vorauseilenden Modernisierungsgehorsam spürbar gebremst.

Das Magazin marschiert nicht bloß an der Spitze des technologischen Fortschritts, wie schon Franz Josef Strauß es dem zeitgemäßen Konservativen zur Pflicht gemacht hat, es hat sich auch von jenen Resten eines gesellschaftspolitischen Konservativismus befreit, an denen bürgerliche Politik sonst schamhafterweise noch ein wenig festhält. Anläßlich der bayerischen Versuche, den Schwangerschaftsabbruch zu erschweren, veröffentlichte die Zeitschrift ein durchaus wohlwollendes Porträt jenes Arztes, der sich in München eine Art Abtreibungsmonopol erworben hat. Der Mann beweist schließlich unternehmerische Initiative. Die von Justiz und Verwaltung ersonnenen Abtreibungshindernisse sind aus der ›Focus‹-Perspektive nichts Besseres als Beispiele jener bürokratischen Regelungswut, gegen die sich die Parole »Weniger Staat!« richtet. Freilich auch nichts Schlimmeres: Das Selbstbestimmungspathos der »Mein-Bauch-gehört-mir«-Feministinnen der siebziger Jahre wird im ›Focus‹ gleichfalls nicht mehr geteilt. Ein Verständnis bürgerlicher Politik, das vor allem aufs Ökonomische geht und im übrigen mit dem Gestus des Abschneidens alter Zöpfe den lange von links besetzten Begriff der Modernität besetzen will, kann an einem Relikt traditioneller Konservativität wie der Abtreibungsgegnerschaft nicht viel Gefallen finden.

Die Kräfte des Bewahrens und der Tradition haben von ›Focus‹ wenig Unterstützung zu erwarten. Lothar Späth hat dem ›Focus‹-Leser aus der Seele gesprochen, als er es einen Skandal nannte, daß auch heute noch mehr deutsche Schüler die Sprachen der alten Griechen und Römer lernen als die der ostasiatischen Wirtschaftskonkurrenten. Wie auch die Traditionsmacht Kirche bei der zeitgemäßen Betrachtung durch ›Focus‹ schlecht abschneidet, nicht als gewissensknechtende Dunkelmännerbande, wie sie der ›Spiegel‹ mit anachronistischem Voltaire-Furor noch immer zu jedem höheren christlichen Feiertag anprangert, sondern als Kirchensteuergrab, als überbesetzter und schlecht gemanagter Traditionsgroßbetrieb: eine historische Subventionsruine. Verschlankung wäre, wie beim Staat, dringend nötig, um am Markt bestehen zu können. Als Steffi Graf im Sommer 1997 aus der Kirche austrat, um der Nachzahlung von einer Million Mark Steuern zu entgehen, die ihr Vater unterschlagen hatte, notierte ›Focus‹ im Stil einer Restaurantkritik, vielen Gläubigen sei »der Service« der Großkirchen zu teuer geworden. Außerdem: »Von 16 Milliarden Kirchensteuer fließen nur 15 Prozent in soziale Aufgaben« – die offenbar das einzige sind, was sich der ›Focus‹-Leser, hier mit dem Nicaragua-Aktivisten einig, unter Christentum vorstellen kann; wobei das Sozialengagement des Steuergeizigen doch überraschend wirkt. Bei den spendenfinanzierten Freikirchen dagegen stimmt das Preis-Leistungs-Verhältnis, und man muß auch nicht mit linken Sprüchen von der Kanzel rechnen: »Das ist die optimale Kirche für Freiberufler.«

Nicht konservativ ist die Gesinnung des ›Focus‹, sie gehört zur ideologischen Familie des Liberalismus, in der sie eine neuartige populistische Variante verkörpert. Es ist Liberalismus fürs Volk, für jedermann, für eine kulturell und sozial gleichgeschaltete Angestelltenwelt, die nach Jahrzehnten des Wohlstands der Meinung ist, sie verdanke das alles ihrer eigenen Tüchtigkeit und werde durch Eingriffe der öffentlichen Hand nur um die Früchte ihrer Arbeit betrogen. Das Gefühl des Betrogenseins gibt der ›Focus‹-Mentalität den Beigeschmack von Mißgunst und Unzufriedenheit, das Übellaunige bei aller programmatischen Betonung des Positiven, durch die sich das Magazin vom notorisch negativ gestimmten ›Spiegel‹ unterscheiden will.

Im ›Focus‹ nimmt das liberale Ideengut eine ordinäre Schrumpf- und Endform an, als neureicher Egoismus des Internetzeitalters. Und wenn Rudolf Augstein den ›Spiegel‹ einmal als Sturmgeschütz der Demokratie bezeichnet hat, so ist ›Focus‹ die Klimaanlage eines neuen Vulgärliberalismus. Mit der Parole »Weniger Staat!« ist der Liberalismus zum ersten Mal volkstümlich geworden, eine potentielle Mehrheitsideologie. Herkömmlicherweise ist er eine eher exklusive Angelegenheit, und die liberalen Parteien sind nicht zufällig überall klein. Exklusiv war der klassische Liberalismus gerade auch in seiner »linken«, obrigkeitskritischen Spielart, die noch heute eine Neigung zur Avantgarde beweist, wenn sie vom Volk mehr Toleranz gegenüber Ausländern und Minderheiten fordert. Politiker wie Werner Maihofer, Gerhart Baum oder Burkhard Hirsch sind an den Stammtischen nie beliebt gewesen. »Linksliberal« zu sein, also den Rechtsstaat selbst auf Kosten der Verbrechensbekämpfung hochzuhalten, auch Verdächtigen und Straftätern faire Chancen zu ihrer Verteidigung einzuräumen und nicht mit der Meute mitzuheulen, die kurzen Prozeß fordert – das ist ziemlich elitär und nicht gerade ein sicheres Rezept, landesweite Zustimmung zu gewinnen. Exklusiv war aber auch der konservative, bürgerlich-patrizische Altliberalismus, der im 19. Jahrhundert, unter dem Eindruck der demokratischen Exzesse der Französischen Revolution, gegen Vermassung und Gleichmacherei Front machte und zum Vorläufer der modernen Kritik am Wohlfahrtsstaat wurde. Jacob Burckhardt oder Alexis de Tocqueville, denen die heraufziehende Massengesellschaft ein Greuel war, hätten an einer Konsum- und Mediengesellschaft ebensowenig Geschmack gefunden; mit dem Bürger von Bildung und Besitz, für den sie sprachen, hat der ›Focus‹-Bürger nicht mehr als den längst entleerten Namen gemein. Der ›Focus‹-Bürger ist nicht bürgerlich. Denn der neue Weniger-Staat-Populismus ist eine klassenlose Discountvariante des Liberalismus; sie vereinigt im Prinzip alle, die zuviel Steuern zu zahlen und selbst keine Begünstigungen zu erhalten meinen – und das ist, wie sich zeigt, beinahe jedermann.

Einstweilen ist der Vulgärliberalismus in Deutschland nur eine Stimmung, eine mächtige, aber diffuse Grundströmung. Sie beherrscht zwar die politische Tagesordnung: »Standort Deutschland«, »weniger Staat«, »schlanker Staat«, »Entbürokratisierung« und »Deregulierung« – die Schlagworte sind allgegenwärtig. Aber gerade diese Allgegenwart, diese Gemeinplatzhaftigkeit zeigt auch eine merkwürdige Ortlosigkeit und Unbestimmtheit an. Der Vulgärliberalismus vagabundiert noch in der politischen Landschaft, er ist noch nicht zur Grundlage eines konkreten Programms geworden; es gibt ›Focus‹, aber keine ›Focus‹-Partei. Dabei hätte der Vulgärliberalismus durchaus das Zeug zu einer einschneidenden Veränderung der deutschen Parteienlandschaft. In ihm stecken Kräfte, die das ganze System durcheinanderwerfen können, und in anderen europäischen Ländern ist dergleichen auch schon geschehen. Bedrohlich ist dies vor allem für die Christdemokratie. Bislang war sie auf dem Kontinent die mehrheitsfähige Form bürgerlicher Politik, mit ihrer Betonung des aus der katholischen Soziallehre stammenden Solidaritätsprinzips und ihren Vorbehalten gegenüber einer allzu ausgeprägten Leistungsgesellschaft. Mit der für viele doch beängstigenden reinen, harten, kalten Lehre von Marktwirtschaft und Konkurrenzprinzip wären in der Vergangenheit kaum Wahlen zu gewinnen gewesen; die christdemokratische Synthese von Wettbewerb und Solidarität war die Kompromißgestalt, in der die liberale Wirtschafts- und Gesellschaftsordnung für breite Schichten akzeptabel wurde. Ludwig Erhards Marktgläubigkeit wurde in Schranken gehalten vom Gerechtigkeitsbedürfnis der christlichen Arbeitnehmerschaft, der CDU-Sozialausschüsse – das war das Erfolgsrezept der sozialen Marktwirtschaft, der ganzen alten Bundesrepublik und der Union als ihrer führenden Partei. Wird aber der Liberalismus in seiner neuen Vulgärvariante selbst zur Mehrheitsauffassung, so ist die historische Rolle der Christdemokraten ausgespielt. »Das Soziale« als Schmier- und Bindemittel bürgerlicher Politik, als Zuckerwürfel, auf dem die bittere Medizin der Marktwirtschaft gereicht wird, wird obsolet. Der ›Focus‹-Bürger meint, auf die organisierte Solidarität verzichten zu können; er fühlt sich dadurch nur belästigt und beengt. Die Sozialpolitiker der CDU wie Norbert Blüm und Heiner Geißler gehören im ›Focus‹ zu den am übelsten beleumdeten Figuren der öffentlichen Szene. Eine Christdemokratie ohne Arbeitnehmerflügel aber, ohne das Erbe der katholischen Soziallehre, wäre nicht mehr christdemokratisch, sondern nur noch eine Mega-FDP.

In Italien hat die Rechte, nach dem Zerfall der »Democrazia Cristiana«, bereits den ›Focus‹-Typus ausgebildet. Der Medienunternehmer Silvio Berlusconi verkörpert den fürs Fernsehzeitalter modernisierten, von allen Traditionslasten befreiten Ellbogenmenschen; die norditalienischen »Ligen« mit ihrer Abneigung gegen den Zentralismus, mit ihren Los-von-Rom-Parolen sind lediglich eine spezielle Spielart der Weniger-Staat-Ideologie. Denn hinter dem regionalistischen Motiv steckt auch hier das ökonomisch-soziale, der Unwille der Reichen im Norden, zu solidarischen Leistungen für die Armen im Süden herangezogen zu werden. Der Staat ist die Instanz der Umverteilung, von Norden nach Süden, von oben nach unten, von den Fleißigen und Erfolgreichen an die Gescheiterten und Schmarotzer, und in dieser Rolle ist er verhaßt.

In Deutschland ist die FDP mit großen Schritten in Richtung Vulgärliberalismus marschiert. Sie hat sich im Kampf um die Abschaffung des Solidaritätszuschlags und gegen die Anhebung der Mineralölsteuer nicht nut ganz auf das Image der Steuersenkungspartei festgelegt. »Steuerland ist abgebrannt« lautete der politische Kinderreim, auf den ihr Generalsekretär Guido Westerwelle das liberale Programm brachte; man könnte auch einfach, mit der klassischen Antwort des geizigen Bourgeois an den lästigen Bettler, sagen: »Wir geben nichts!« Wie ›Focus‹ bedient die FDP die Unzufriedenheit »des Bürgers« mit der verkrusteten deutschen Proporz- und Konsensgesellschaft, mit Stillstand und Umverteilungsautomatik. Dabei kommt eine revolutionäre Attitüde in Mode, Formeln wie »neue bürgerliche Protestpartei« oder »radikale Mitte«: als sei die FDP als ewige Mitregiererin bis 1998 nicht an sämtlichen jetzt beklagten Weichenstellungen der alten Bundesrepublik beteiligt gewesen. Trotz aller Rückschläge bei der letzten Bundestagswahl und bei den Landtagswahlen, trotz aller politischen Todesangst gibt es in der FDP immer noch ein Avantgardebewußtsein. Man fühlt sich als Speerspitze des Fortschritts, als Missionsbewegung für die Freiheit, die in Deutschland, wo es keine Thatcher- oder Reagan-Revolution gab, ihren großen Tag noch vor sich hat.

Die »jungen Wilden« in der Union, die wohldosiert halbrebellischen Landespolitiker um den Niedersachsen Christian Wulff, liegen gleichfalls ganz auf der Weniger-Staat-Linie. Eine Weile lang hat man sie fälschlich für einen »linken Flügel« der CDU gehalten, einfach weil alles Kohl-Kritische sofort als Linksabweichung eingeordnet wurde. Aber mit dem alten linken Flügel der Union, der christlichen Arbeitnehmerschaft, haben die »jungen Wilden« nichts im Sinn. »Das Soziale« interessiert sie wenig, es ist in ihren Augen diskreditiert durch den schwerfälligen Solidarapparatismus à la Blüm und gilt als Inbegriff jener Angst vor der Freiheit, jenes unzeitgemäßen Kollektivismus, den die CDU überwinden muß, wenn sie in der modernen, individualisierten Gesellschaft überleben will.

Wenn es hier eine Linksabweichung vom Kurs des ehemaligen Kanzlers gibt, dann nicht in Richtung Kapitalismuskritik, sondern hin zum Emanzipations- und Freiheitsverständnis der FDP. In allen heiklen Fragen der letzten Zeit, von der Steuerreform über die Senkung des Solidaritätszuschlags bis zur doppelten Staatsangehörigkeit für Ausländerkinder, waren die »jungen Wilden« auf der Seite der FDP zu finden. Die Union könnte durchaus einmal, wie die »Democrazia Cristiana«, zerbrechen, in die letzten Herz-Jesu-Sozialisten um Geißler und Blüm auf der einen Seite und die Weniger-Staat-Fraktion, die Leistung-muß-sich-wieder-lohnen-Gruppe auf der anderen.

Doch reicht die Anziehungskraft des Vulgärliberalismus über das bürgerliche Lager hinaus weit in die Linke hinein. Auch hier gibt es Staatsverdrossene zuhauf und einen kräftig sich regenden Antikollektivismus. Mit dem Staat mag sich nach dem Scheitern des Sozialismus niemand mehr so recht blicken lassen. Die Grünen entdecken, daß sie schon immer mehr für individuelle Freiheit waren als für bürokratische Fürsorge; der Wohlfahrtsstaat sei eine typisch sozialdemokratische Idee, keine grüne. In der SPD wiederum formieren sich die »Modernisierer« um Bundeskanzler Gerhard Schröder, um mit der Staatsgläubigkeit der »Traditionalisten« aufzuräumen. Wer jung, modern, innovativ sein will, gibt zu erkennen, daß er vom Staat die Nase voll hat. Das Spektrum der Staatsfeindschaft ist breit – es reicht von einer ruppigen Jeder-ist-sich-selbst-der-nächste-Philosophie bis zur ewigen anarchistischen Utopie der Selbstverwirklichung oder den philosophischen Träumereien der Kommunitaristen, die die verwaltete und verbeamtete Wohltätigkeit durch ein blühendes freiwilliges Gemeinschaftsleben in Familie, Gemeinde, Verein und Nachbarschaft ersetzen möchten. Weniger Staat wollen sie alle. Noch ist das nur eine neuartige Koalition der Affekte, kein geschlossenes politisches

Lager. Aber die Frage, wieviel oder wie wenig Staat wir brauchen, könnte in Zukunft eine Bruchlinie durch die Gesellschaft markieren. Die Individualisten aller Richtungen, die jetzt Morgenluft wittern und auf eine neue »Kultur der Selbständigkeit« hoffen, sind ja, wie zahlreich sie auch sein mögen, doch eine privilegierte Gruppe. Denn ihnen steht eine starke Minderheit gegenüber, in deren Ohren die Rede von einer Kultur der Selbständigkeit wie purer Hohn klingen muß. Das sind die Verzagten und Verschreckten, Arbeitslose, Rentner und Beschäftigte der sterbenden Industriebranchen, die Langsamen in einer Welt beschleunigter Veränderungen, die vielen sogenannten Modernisierungsverlierer, die nach wie vor beim Staat Schutz suchen. Die Gesellschaft spaltet sich in Liberalisierungsgewinnler und Liberalisierungsgeschädigte. In der Auseinandersetzung um den Staat steckt das Potential eines neuen Klassenkampfes.

2 Henkel, Herzog und der Ruck ins Leere

Im Sommer 1997 überraschte Hans-Olaf Henkel, der Präsident des Bundesverbandes der Deutschen Industrie, die Öffentlichkeit mit der Forderung nach einer Verfassungsreform. Er äußerte sich begeistert über die im Frühjahr gehaltene »Berliner Rede« des damaligen Bundespräsidenten Roman Herzog, in der dieser gefordert hatte: »Durch Deutschland muß ein Ruck gehen.« Es stelle sich aber, so Henkel, die Frage, »ob ein Land mit unserer föderalen Struktur, mit sechzehn Bundesländern, einem Verhältniswahlrecht überhaupt eine Chance hat, sich so schnell zu verändern wie andere. Wenn es so ist, daß ein Wettbewerb zwischen Standorten eine relative Veranstaltung ist, und daß wir selbst bei eigener Bewegung zurückfallen, wenn andere schneller auf die Herausforderungen der Globalisierung reagieren als wir, dann müssen wir uns fragen, ob unser politisches System eigentlich noch wettbewerbsfähig ist. Bundeskanzler Kohl wurde mit nur einer Stimme mehr, als für die Kanzlermehrheit nötig, gewählt. Die Novelle des Gesetzes zur Lohnfortzahlung im Krankheitsfall ist nur mit höchstem Risiko von Wolfgang Schäuble gegen die ›große Koalition der Sozialpolitiker‹ im Bundestag durchgesetzt worden. Die längst überfällige Abschaffung der Gewerbekapitalsteuer hing jahrelang am Widerspruch der Gemeinden. Die neue Verpackungsverordnung wird durch den Bundesrat torpediert. Und was der Vermittlungsausschuß, unsere ›heimliche Bundesregierung‹, aus dem Waigelschen Steuerpaket macht, kann niemand voraussagen.« Tatsächlich blieb die »große Steuerreform« dann erst einmal im Patt zwischen Regierung und Bundesrat stecken.

»Jemand muß beginnen«, meinte Henkel, »über die Fähigkeit unseres politischen Systems im Wettbewerb mit anderen zu sprechen. Dazu gehört unsere Verfassung.« Er erklärte: »›Political engineering‹ oder ›constitutional reengineering‹ ist auch in anderen Ländern mit der Begründung gemacht worden, die Anpassungsgeschwindigkeit an neue Verhältnisse zu erhöhen.« Und, in eigenartiger Anlehnung an linke Revoluzzersprache: »Ich bin davon überzeugt, daß es bald an der Zeit ist, auch bei uns die Systemdebatte anzustoßen.« Für den »Reformstau«, von dem in jenem Sommer der politischen Lähmung jeder sprach, als sich die Bundesrepublik auf ein überlanges Wahlkampfjahr voller Stellungsgefechte einrichtete, hatte Henkel einen neuen Schuldigen gefunden: das Grundgesetz.

Das Grundgesetz als Standortnachteil – das war originell. Nichts hätte die schleichende Gewichtsverlagerung zwischen Politik und Wirtschaft schlagender demonstrieren können als Henkels Forderung nach einer Grundgesetzrevision zu Wettbewerbszwecken, nach einer Standortnotstandsverfassung sozusagen. Das Verhältniswahlrecht hatte in der Geschichte der Bundesrepublik schon einmal abgeschafft werden sollen, während der Großen Koalition; und der letzte Kämpe von damals, Helmut Schmidt, hat im Anschluß an Henkel die Idee des Mehrheitswahlrechts denn auch noch einmal hervorgeholt. Aber in den sechziger Jahren gehörte das zum Machtspiel der großen Parteien. Es ging um die Frage, ob man sich absolute Mehrheiten zutraute oder ob man die im Falle einer Wahlrechtsreform vernichtete FDP doch noch irgendwann brauchen würde. Henkels Mehrheitswahlrecht dagegen wäre nichts als ein Abkürzen von Entscheidungswegen, wie es ein Unternehmensberater empfehlen könnte, eine Vereinfachung der betriebsinternen Abläufe der Deutschland AG.

Das wirkte provozierend, weil es in der alten Bundesrepublik keine heiligere Kuh gegeben hatte als das Grundgesetz. Die »freiheitlich-demokratische Grundordnung« war noch unter der Kanzlerschaft von Willy Brandt durch den »Extremistenbeschluß« gegen »Radikale im öffentlichen Dienst« nachgerade zu einem Fetisch erhoben worden; der »Verfassungspatriotismus«, vom Konservativen Dolf Sternberger erfunden und vom Linken Jürgen Habermas in den achtziger Jahren gegen einen angeblichen neuen Nationalismus in Stellung gebracht, vereinte die politischen Lager. Selbst die Wiedervereinigung war nach herrschender Meinung nicht Grund genug, um die Verfassung anzutasten. Sie kam, nach Artikel 23, durch Beitritt der DDR zum Geltungsbereich des Grundgesetzes zustande, nicht nach Artikel 146 durch eine neue Verfassungsgebung. Nur ein paar deutsch-deutsche Weltverbesserer ersannen am Runden Tisch einen neuen Verfassungsentwurf, um den sich kein ernstzunehmender Politiker scherte; das Grundgesetz habe sich schließlich bestens bewährt. Und nun wurde es von einem hergelaufenen Verbandsfunktionär für die Behandlung der Wettbewerbswehwehchen der deutschen Industrie zur Disposition gestellt! In der scharfen Kritik, die Henkel entgegenschlug, machte sich auch das Gefühl Luft, daß man sich von »der Wirtschaft« schon viel zuviel habe bieten lassen, daß es mit der Kapitulation des Staates vor den Unternehmensinteressen nun aber genug sei. Anschlag auf die Verfassung, hieß es, eine andere Republik, Widerstandsrecht – Henkels Intervention hatte das Faß der Ökonomisierung der Politik zum Überlaufen gebracht. Was lange hingenommen worden war, was auch schon bald wieder als alternativlos gelten sollte (wenige Wochen später begrüßte die Öffentlichkeit das neue, von Gerhard Schröder auf Unternehmensfreundlichkeit getrimmte Wirtschaftsprogramm der SPD als Fortschritt und Einsicht ins Notwendige) – für einen Augenblick, im symbolischen Brennpunkt des Verfassungsstreits, empörte man sich dagegen.

Der Vergleich mit Amerika, von Hans-Olaf Henkel und seinen Gesinnungsfreunden sonst so gern gezogen, wäre in diesem Fall wirklich einmal am Platz gewesen. Die Vereinigten Staaten haben eine zwei Jahrhunderte alte Verfassung, die kaum maßgeschneidert für die aktuellen Anforderungen des globalen Wettbewerbs sein kann. Diese Verfassung neigt zudem mit ihrem Gegeneinander von Präsident und Kongreß viel stärker zur Blockade als die deutsche. Trotzdem wäre es im Mutterland des Kapitalismus vollkommen unvorstellbar, einer lahmenden Wirtschaft mit der Demontage von Verfassungsprinzipien aufzuhelfen. Sowenig sich der Staat nach angelsächsischem Verständnis in die Wirtschaft einzumischen hat, so klar ist doch andererseits (und vielleicht gerade deshalb), daß er eine Sphäre eigenen Rechts und eigener Würde ist, in der andere als die ökonomischen Gesetze herrschen. Die Verfassung ist für die Freiheit da, nicht für den Wohlstand.

Henkels Anpassungsforderung zeigt dagegen einen bemerkenswerten Mangel an Achtung für die politische Lebensform, die man sich gewählt hat. Für die Idee vom »political engineering« beruft er sich auf den Vizepräsidenten Brasiliens, so als wolle er die Bundesrepublik verfassungspolitisch auf dem Niveau eines besseren Entwicklungslandes ansiedeln. Das politische Selbstvertrauen ist in Deutschland ohnehin gering; Demokratie und liberale Gesellschaft haben hier keine tiefen historischen Wurzeln und müssen sich, was ihnen in der Erfolgsgeschichte der Bundesrepublik auch lange gelungen ist, durch ökonomische Prosperität, durch Wachstum und Massenwohlstand legitimieren. Aber der Staat selbst, als Obrigkeit, als »General Dr. von Staat«, wie Thomas Mann ihn einmal ironisch personifiziert hat, war in Deutschland immer Gegenstand des Respekts, bis hin zur autoritätsgläubigen

Vergötzung. Das hat sich in den vergangenen Jahren mit einer Radikalität geändert, die man sich selten vor Augen führt.

Die Demontage der Staatsautorität durch die Emanzipationsbewegung von 1968 und durch die Reformpolitik der siebziger Jahre macht die eine Hälfte dieser Veränderung aus. Die andere hängt eben mit dem vulgärliberalen Programm »Weniger Staat!« zusammen, mit der zum Gemeinplatz gewordenen Überzeugung, daß Staatlichkeit gleichbedeutend mit Verharzung, Unwirtschaftlichkeit und Antiquiertheit sei. Diese neue Staatsverachtung hat längst zu einer Selbstverachtung von Staat und Politik geführt. Man schämt sich seines Daseins, möchte sich am liebsten selbst überflüssig machen und abschaffen. Man empört sich nicht etwa über das Ansinnen, der Staat möge sich in ein Dienstleistungsunternehmen verwandeln, man empfindet das durchaus nicht als entwürdigende Zumutung, sondern hält es für ganz einleuchtend, wenn nicht selbstverständlich. Daß die Bürger und vor allem die ansiedlungswilligen Betriebe die »Kunden« der Verwaltung und damit »König« sind – das haben die Politiker so oft hören müssen, daß sie es mittlerweile selbst glauben. Als Symbolszene für diese Vermanagerung der Politik hat man noch einen gemeinsamen Auftritt der Ministerpräsidenten von Niedersachsen (damals noch Gerhard Schröder), Baden-Württemberg (Teufel) und Bayern (Stoiber) mit den Vorstandsvorsitzenden ihrer zugehörigen Autofirmen VW, Mercedes und BMW vor Augen, bei dem zwischen Länder- und Unternehmensinteressen auch nicht der mindeste Unterschied mehr erkennbar war. Zwar hatte bereits Helmut Schmidt während seiner Kanzlerschaft erklärt, er sei nichts als der »leitende Angestellte« der Bundesrepublik Deutschland; aber da ging es nicht ums Unternehmerische, sondern um preußisch-asketische Sachlichkeit, um den Verzicht auf Sinnstiftung durch Politik.

Daß der Staat etwas durchaus Besonderes sei, hätte sich Schmidt, dessen Meisterung der Terrorismuskrise in den späten siebziger Jahren die bundesdeutsche Probe auf die raison d'État gewesen ist, nie ausreden lassen.

Darin, daß er vom Eigenrecht des Politischen überzeugt blieb, gehörte übrigens auch Ex-Kanzler Helmut Kohl noch in diese vergangene Periode der Bundesrepublik. Auf die Frage eines Wirtschaftsjournalisten, warum er nicht endlich mit den Kohlesubventionen Schluß mache, antwortete Kohl überraschenderweise nicht mit den erwarteten sozial- und regionalpolitischen Gründen. Sondern er erklärte, Krisen seien immer möglich, und ein Land solle daher nicht ganz auf heimische Energiequellen verzichten. Man könne nie wissen, wozu sie noch gut seien. Der fragende Journalist, in dessen Freihandelsweltbild alle Güter überall zur Verfügung stehen, wenn man nur genügend Geld in der Tasche hat, schien überhaupt nicht zu begreifen, wie Kohl auf solche Ideen kam. Daß Energielieferanten nicht einfach nur Anbieter sind, sondern auch mögliche politische Erpresser, daß einem der Ölhahn zugedreht werden kann, selbst wenn man willens und imstande ist, für das Öl zu zahlen – das ist für eine rein ökonomische Vernunft schlechterdings nicht zu begreifen.

Hans-Olaf Henkels »Systemdebatte« signalisierte mithin auch, wie sehr der gesamte Gedankenkomplex um Veränderung und Fortschritt von einer kapitalismuskritischen Linken auf den Kapitalismus selbst übergegangen ist: Die Unternehmerseite hat den Begriff der Reformfähigkeit erobert. Während das bürgerliche Lager in der alten Bundesrepublik für technologische und ökonomische Innovation, gesellschaftlich und politisch aber für das Festhalten am Bewährten stand, ist es nun zur treibenden Kraft auch der Gesellschaftsveränderung geworden. Einen CDU-Wahlkampf unter dem klassischen Adenauer-Motto »Keine Experimente« kann man sich überhaupt nicht mehr vorstellen. Statt dessen wimmelt es nur so von Appellen zu mehr Risikobereitschaft und zum Aufbrechen von Verkrustungen. Mit ihrem neuen, von Gerhard Schröder vorangetriebenen industriefreundlichen Wirtschaftsprogramm, mit dem Ja zur Informationsgesellschaft und mit dem geglückten Versuch, die Innovationsrhetorik als Argument für einen Regierungswechsel auszunutzen, wollte die SPD an diese von der Gegenseite angestoßene Dynamik Anschluß gewinnen. Aber die Sache, die sich die Sozialdemokraten nun spät genug zu eigen machten, ist sichtlich nicht ihre Erfindung; sie reagieren nur und laufen hinterher.

In den siebziger Jahren galt es als Ausdruck von Klassenkampfideologie, wenn die Hessischen Rahmenrichtlinien, die von der Union befehdete Magna Charta der Emanzipationspädagogik, eine Erziehung zur Konfliktbereitschaft forderten; und schon in den Sechzigern mußte der damals noch eher linke Liberale Ralf Dahrendorf sich von bürgerlicher Seite heftige Vorwürfe gefallen lassen, weil er die Politik als Kontinuum des Konfliktgeschehens von der parlamentarischen Debatte bis zum Bürgerkrieg beschrieben hatte. Politisch streitlustig zu sein, die Unruhe als erste Bürgerpflicht zu preisen und statt der Sozialpartnerschaft den Interessengegensatz von Kapital und Arbeit zu betonen – das alles war typisch links. Auch hier haben sich die Fronten merkwürdig verkehrt. Inzwischen ist die Konfliktbereitschaft, die Abkehr vom »Konsensgesülze«, nach rechts übergewandert; wer dagegen von Stabilität, Integration, innerem Frieden redet, hat sich schon beinahe als DGB-Funktionär verraten. Der katholische Philosoph Robert Spaemann, der damals gegen Dahrendorfs Konflikttheorie die alte Idee des Gemeinwohls verteidigte, findet seine Mitstreiter heute eher in den wertkonservativen Nischen der Grünen als bei der CDU oder gar der FDP.

Wie unter Ludwig Erhard, der den marktwirtschaftlichen Wohlstand für alle als die eigentliche Überwindung der Klassengesellschaft verstand, als die nachgeholte deutsche Revolution, soll die ökonomische Liberalisierung heute das ganze Gesellschaftssystem umwandeln, Lebensformen und Werthierarchien revolutionieren: Risiko statt Sicherheitsdenken, Tempo statt Bedenkenträgerei, Wettbewerb statt Kompromiß, Freiheit statt Sozialstaat. Die Ära Thatcher hat gezeigt, daß die Erhebung des Profit- und Rentabilitätsprinzips zur alleinigen Richtschnur des Handelns das Gesicht einer ganzen Nation verändern kann. Keine Labour-Regierung hat in Großbritannien mit dem Alten und Hergebrachten so radikal aufgeräumt wie die Tories in den achtziger Jahren. Mit konservativer Politik im Sinne der Bewahrung von Tradition hat das nichts mehr zu tun. Daß sie »eine andere Republik« wollen, wie lange gern der Linken vorgeworfen wurde, müssen sich heute denn auch Hans-Olaf Henkel und seine Mitstreiter sagen lassen. Man erinnert sich wieder an die Bemerkung von Marx im ›Kommunistischen Manifest‹, daß die Bourgeoisie in der Geschichte eine höchst revolutionäre Rolle gespielt habe, daß technisch-industrieller Fortschritt, Weltmarkt und Auflösung der Ständeordnung ihr Werk waren. Ein Jahrhundert lang, während des sozialdemokratischen Jahrhunderts, wie Ralf Dahrendorf es nannte, war es die Arbeiterbewegung, mit der die neue Zeit marschierte. Jetzt ist die historische Initiative, so scheint es, wieder an das Kapital übergegangen.

In diesem Sinne ist Roman Herzogs »Berliner Rede« vom April 1997 im neuerrichteten Hotel Adlon rasch zu einer Art Katechismus der Innovationsprediger geworden. »Daß der Wettbewerb zwischen Standorten nach ähnlichen Regeln abläuft wie der zwischen Unternehmen, kann man nach der Berliner Rede eher deutlich machen«, freute sich Hans-Olaf Henkel. »Bis jetzt mußte man sich immer die ›soziale Kälte‹, die ›McDonald's Jobs‹ und die ›working poor‹ vorhalten lassen, wenn man vorschlug, von

Amerika zu lernen. Seit Herzogs Rede kann man sich damit unverkrampfter befassen.«

»Durch Deutschland muß ein Ruck gehen«, hatte Herzog gefordert; und damit war, trotz einiger garnierender Bemerkungen über die Notwendigkeit des Gemeinsinns, letztlich nur eines gemeint: mehr wirtschaftliche Dynamik. »Es geht um nichts Geringeres als um eine neue industrielle Revolution, um die Entwicklung zu einer neuen, globalen Gesellschaft des Informationszeitalters. Der Vergleich mit Amerika und seinem leergefegten Arbeitsmarkt zeigt: Deutschland droht tatsächlich zurückzufallen. Bill Gates fing in einer Garage an und hatte als junger Mann schon ein Weltunternehmen. Manche sagen mit bitterem Spott, daß sein Garagenbetrieb bei uns schon an der Gewerbeaufsicht gescheitert wäre.« Daß so etwas passieren könnte, war die größte Sorge des früheren Bundespräsidenten. Er verlangte »einen neuen Gesellschaftsvertrag zugunsten der Zukunft«. Weg mit Miesmacherei und Technikfeindlichkeit. »In hochtechnisierten Gesellschaften ist permanente Innovation eine Daueraufgabe! Die Welt ist im Aufbruch, sie wartet nicht auf Deutschland.«

Es verrät viel über die Klimaveränderung in der Bundesrepublik, wenn man die »Berliner Rede«, ein Musterbeispiel gegenwärtiger Aufbruchsrhetorik, gegen Richard von Weizsäckers berühmte Ansprache zum 8. Mai 1985 hält, dem vierzigsten Jahrestag des Kriegsendes. Geschichte, Vergangenheit, auch Tradition spielten bei Herzog keine Rolle mehr. Nicht bloß der Nationalsozialismus kam nicht vor, der in einen Mobilisierungsappell ja wirklich schlecht hineingepaßt hätte, sondern überhaupt alles Historische.

»Bildung muß das Mega-Thema unserer Gesellschaft werden«, forderte Herzog zwar, aber schon die ordinäre Formulierung mag den Unterschied zur Bildungsbürgerlichkeit seines Amtsvorgängers bezeichnen. Um Bildung im eigentlichen Sinne ging es denn auch gar nicht, und wenn die Union in den siebziger Jahren den Geschichtsunterricht und das humanistische Gymnasium gegen die Fortschrittsbesessenheit der Emanzipationspädagogik verteidigt hatte, so fürchtet sie inzwischen selbst nichts mehr, als den Anschluß an den Fortschritt zu verpassen. Nur, daß Fortschritt heute nicht mehr Chancengleichheit und Sozialreform heißt, sondern Einstieg in die Informationsgesellschaft und Eroberung neuer Märkte. Wo eben noch Latein und Griechisch als abendländisches Erbe im Lehrplan erhalten werden sollten, geht es jetzt um Computer und den Internetanschluß für jede Schule; und das christliche Menschenbild von einst wird mit Bio- und Gentechnologie gründlich umgebaut. Die Fixierung auf die Zukunft, auf das Neue, die man den Linken in den siebziger Jahren als Utopismus vorgehalten hat – heute kehrt sie wieder als Ideologie der Standortmodernisierung, der totalen Anpassung an die Weltmarktdynamik. Abschätzig wie nur irgendein Schulreformdoktrinär sprach Herzog über die bloße »Vermittlung von Wissen«, die durch »lebenslanges Lernen« ersetzt werden müsse. Die Idee eines Kanons, verbindlicher Bildungsinhalte, die schon den progressiven Sozialreformern lästig war, ist auch dem neuen Flexibilitätsdogma hinderlich und wird über Bord geworfen. Statt dessen kommt es darauf an, »an der Wissensrevolution unserer Zeit teilzuhaben«, im weltweiten Erkenntniswettbewerb »in der ersten Liga mitzuspielen« – auch das eine der überraschend vulgären Wendungen in Herzogs Rede.

Als Herzog einige Monate später eine zweite »Berliner Rede« nachschob, speziell zum Bildungsthema, konnte man sich in all seinen Befürchtungen bestätigt sehen. Ein Kapitelchen über »Werte«, dieses ideologische Feigenblatt einer Gesellschaft, die sich nichts zu glauben traut und trotzdem nicht als nihilistisch dastehen möchte – und dann ein Bückling nach dem anderen vor Praxisbezug, Wettbewerbsfähigkeit, Effizienz, optimaler Zeitnutzung und wie die Götzen des Ökonomismus alle heißen. Eine Chip-Fabrik hinter einer Biedermeierfassade – das war Roman Herzogs Bildungsvision. Auch Schulen und Hochschulen sollen sich als Abteilungen des Dienstleistungsunternehmens Staat verstehen, wenn nicht sogar, noch brutaler, als Hersteller des Produkts Bildung. »Ich frage mich«, erklärte der Ex-Bundespräsident, »wie eine Hochschule eigentlich die Qualität ihrer Ausbildung überprüfen will, solange nicht auch handfeste Daten über die beruflichen Werdegänge ihrer früheren Studenten ausgewertet werden. Jedes Wirtschaftsunternehmen weiß heute alles über den Verbleib seiner Produkte und über den Abnehmer seiner Dienstleistung.« Man traut seinen Ohren nicht: Wird hier wirklich eine Untersuchung über den Lebensweg von Universitätsabsolventen als Nachforschung nach dem Verbleib von Produkten bezeichnet? Aber genau das lag in der Logik von Herzogs Ruck-Pädagogik, und er stand und steht damit keineswegs allein. Beide Volksparteien, Union und SPD, haben sich in programmatischen Papieren und Beschlüssen zur überragenden Bedeutung der Bildungspolitik bekannt – und was sie dabei unter »Bildung« verstehen, ist wiederum, wie bei Roman Herzog, nur Innovationsfähigkeit und Medienkompetenz.

Richard von Weizsäckers Ansprache vom Mai 1985 kann als der klassische Ausdruck für die Staatlichkeit der alten Bundesrepublik gelten. Es war eine gewissermaßen negative Staatlichkeit, bestimmt durch das Verhältnis zum Dritten Reich, durch Vergangenheitsauseinandersetzung und Schuldarbeit. Roman Herzogs »Berliner Rede« im Adlon sollte das Gegenstück für die Berliner Republik sein, ein Kontrastprogramm: zukunfts- statt geschichtsorientiert, dynamisch statt grüblerisch. Fragt man sich aber, auf welche Form von Staatlichkeit all das zielt, so lautet die Antwort: auf offenbar gar keine. Der Halbstaat Bundesrepublik – halb nicht nur der Teilung wegen, sondern auch durch beschränkte politische und historische Souveränität – wird durch einen Nullstaat ersetzt. Vor diesem Hintergrund wirkte es durchaus bezeichnend, daß der ehemalige Bundespräsident seine Rede nicht etwa im Plenarsaal des Reichstags gehalten hat, dessen Fertigstellung man ja hätte abwarten können, sondern in einem soeben talmihaft wiedererstandenen Luxushotel. Kein öffentlicher, sondern ein im kommerziellen Sinne privater Raum schien ihm passend für die Darlegung seiner Weltsicht.

In Herzogs Weltbild gibt es, wieder in Übereinstimmung mit einer verflossenen Linken, wohl eine Gesellschaft, die sich wandeln sollte und leider erstarrt ist; es gibt Individuen, auf deren Initiative (und ein bißchen auch auf deren Gemeinsinn) es ankommt, und es gibt vor allem die Wirtschaft. Aber den Staat? Den Staat scheint der frühere Bundespräsident nur als eine doppelt unglückliche Figur zu kennen, die einerseits den Bürger überfordert, nämlich durch Steuern und Abgaben, andererseits vom Bürger überfordert wird, durch überzogene Absicherungserwartungen. Ohne diesen Staat, meint man Herzog zu verstehen, würde alles besser gehen. Vor allem schneller; denn der Staat ist, als Bürokratie, aber auch als sich selbst blockierendes Parteienregiment, der Vater des Reformstaus. Die Parteienkritik ist übrigens der einzige Punkt, in dem Roman Herzog ein Lieblingsthema Richard von Weizsäckers aufgreift, für den Parteienpolitik, besonders die der eigenen Partei, der Kohlschen CDU, sträflich »machtversessen« und »machtvergessen« zugleich war.

Es ist aufschlußreich, diese Klage über Reformstau, Stillstand und Blockade mit der Sorge um die »Unregierbarkeit« der Bundesrepublik zu vergleichen, die die Politik in den späten siebziger Jahren, in der ausgehenden Ära Schmidt, plagte. Unregierbarkeit hieß: Eine basisdemokratisch verwildernde Gesellschaft macht jedes vorausschauende staatliche Planen und Handeln unmöglich, Bürgerinitiativen behindern den Bau von Atomkraftwerken, Autobahnen und Großflughäfen. In dieser Situation prägte der frühere niedersächsische Ministerpräsident Ernst Albrecht das geflügelte Wort für die Machtlosigkeit von Regierung und Verwaltung, als er erklärte, eine Endlagerstätte für Atommüll im Salzstock von Gorleben sei »politisch nicht durchsetzbar«. Damals verstand sich der Staat, in einer für die alte Bundesrepublik typischen Verquickung mit industriegesellschaftlichen Großprojekten, als Inbegriff von Verantwortung und Zukunftsorientierung, eine Rolle, in der er sich durch die Ängstlichkeiten und Bequemlichkeitswünsche seiner Bürger im Stich gelassen fühlte. Helmut Schmidt, sorgenvoller Krisenmanager des »Modells Deutschland«, war der begabte Darsteller dieser Tragik. Beim heutigen Reformstau hingegen ist es umgekehrt: Jetzt verkörpert der Staat die Unbeweglichkeit, und die Bürger, die Gesellschaft, die Bürgergesellschaft, das Nichtstaatliche jedenfalls, stehen für Modernität und Bewegung.

Herzogs Rede, den Journalisten vom Bundespräsidialamt schon im vorhinein mit ungewöhnlichem Aufwand als bahnbrechend angekündigt, fand ein breites Echo. Der »Ruck«, der durch das Land gehen müsse, wurde rasch sprichwörtlich. Manfred Bissinger, Chefredakteur der Wochenzeitung ›Die Woche‹, gab einen Sammelband mit dreiunddreißig ›Stimmen gegen den Stillstand‹ heraus – Antworten auf die »Berliner Rede«, in denen vor allem Wirtschaftsführer erklärten, Herzog habe ihnen aus dem Herzen gesprochen. Von Selbstkritik, die dieser doch gefordert hatte, war dabei wenig zu spüren; die Unternehmer schienen zu meinen, sie hätten den Ruck schon hinter sich, nur die faule Gesellschaft und die handlungsunfähige Politik müßten es ihnen noch nachtun. Hans-Olaf Henkel griff den »Tempo, Tempo!«-Ruf, wie gesagt, besonders begeistert auf; aber auch Gerhard Schröder sprach sich sofort »gegen den Luxus der Langsamkeit« aus, unter dem obligatorischen Hinweis auf Amerika, das es besser hat: »Worte wie ›Innovationsstau‹, ›Blockade‹ oder ›Technikangst‹ sind für Männer wie Bill Gates oder US-Vizepräsident Al Gore Fremdworte. Die auf Geschwindigkeit ausgerichtete US-Wirtschaft kennt sie nicht. Die Lage in Deutschland beschreiben sie leider genau.« Auch hier der Hinweis auf die »Regelungswut der Bürokratie« und die »Selbstblockade der politischen Institutionen«, auf das »Gestrüpp organisierter Interessen« und »Veto-Gruppen«.

Zu Recht wundert man sich über die Leichtfertigkeit, mit der Herzogs und Schröders »Marsch, Marsch!«-Parolen nicht nur die jederzeit mobilisierbare Stimmung gegen die »Parteienwirtschaft« anheizen, sondern auch mit dem antiparlamentarischen und antiinstitutionellen Affekt spielen, mit dem Überdruß an der »Schwatzbude«, der Sehnsucht nach der »Sache selbst« – kurz: mit dem Ressentiment gegen die Politik überhaupt. Daß Taten statt Worte her müssen, daß wir, so Herzog, »kein Erkenntnisproblem, sondern ein Umsetzungsproblem« haben, daß wir uns, wie Schröder verlauten ließ, »rituellen Skeptizismus nicht mehr leisten« können, sind geläufige Phrasen aus diesem rhetorischen Milieu. Und Schröders Feststellung, es gebe keine linke oder rechte, sondern nur eine moderne oder unmoderne Wirtschaftspolitik, war gleichfalls eine Reverenz an das Unpolitische des gesunden Menschenverstands.

Aber hier zeichnet sich doch etwas Neues ab. Es ist das Muster einer quasiplebiszitären politischen Führung, die sich über die Medien direkt mit dem Volk über den Primat der Ökonomie verständigt – und sich so auf Kosten der unpopulären Partei- und Parlamentssphäre, der sie selbst entstammt, in der Öffentlichkeit profiliert. Herzog war als Bundespräsident dem Bonner Alltag ohnehin enthoben, selbst als Parteivorsitzender will Schröder mit der SPD so wenig wie möglich zu tun haben. Die Fernsehdemokratie, nicht der Staat mit seinen Institutionen, ist für diese Politik das entscheidende Wirkungsinstrument. Noch zweifelt man, ob sich auf diese Weise im traditionell schwerfälligen, zünftisch-korporativen Deutschland mehr als kurzlebige Effekte erzielen lassen. Aber vielleicht ist die Institutionenwelt der Bundesrepublik inzwischen derart ins Wanken geraten, daß ein medienplebiszitärer Ökonomismus als Alternative zum deutschen Parteienstaat eine Chance hat.

Es geht ihm freilich alles Begeisternde und Idealistische ab, aller Blairscher Charme, der einem Aufbruch Schwung und Legitimität verleihen könnte. Roman Herzogs Mahnungen zu Optimismus und Phantasie sind selbst von phantasieloser Bärbeißigkeit. Soll man sich in diesem Ton und mit diesem beschränkten Vokabular Lust auf die Zukunft machen lassen? Flexibilität, Mobilität, Innovation – lauter Platitüden, die von Bewegung reden, aber nichts darüber sagen, wo sie hinführen soll.

Gerhard Schröder wiederum stellt Machtwillen und Pragmatismus mit einer Ungeniertheit zur Schau, die er für Realpolitik hält und die als Antwort auf den jahrelangen sozialdemokratischen Idealismus der Ohnmacht verständlich ist. Doch mittelfristig dürfte das Nichts-als-Kanzler-sein-Wollen auch machtpolitisch keinen Bestand haben; es fehlt das Wozu der Macht, ohne das sie nicht dauerhaft wird. So liegt etwas Freudloses über der ganzen Ruck-, Tempo- und Modernisierungsprogrammatik. Trotz aller Beschwörung von Tatkraft und Aufbruchswillen kann sie nicht verleugnen, daß sie aus Angst geboren ist, aus der Angst, zurückzubleiben, abgehängt zu werden, aus der alles überwältigenden Angst vor der Armut. Nicht die Liebe zur Freiheit führt bei Liberalisierung und Deregulierung die Hand, sondern der verbissene Wille zur Wohlstandsverteidigung, eine Art Neowilhelminismus, ein trotziges

Haben- und Behaltenwollen, eine sture Fixierung auf den »Platz an der Sonne«, den man um keinen Preis räumen will. Daß aus diesem furchtbaren Krampf auch nur im wirtschaftlichen Sinne ein Erfolg werden könnte, glaubt man einfach nicht. Es dürfte kaum jemanden geben, der den Schluß von Roman Herzogs »Berliner Rede« ernst nehmen könnte: »Wir müssen jetzt an die Arbeit gehen. Ich rufe auf zu mehr Selbstverantwortung. Ich setze auf erneuerten Mut. Und ich vertraue auf unsere Gestaltungskraft. Glauben wir wieder an uns selber. Die besten Jahre liegen noch vor uns.« Was so hohl und leer klingt, so ganz und gar ohne Idee und Leidenschaft, hat keine Zukunft. Wenn Deutschland auf diese Art aber tatsächlich wieder zu Kräften kommen sollte, wird es kein sehr sympathisches Land sein.

3 | Was ist Vulgärliberalismus?

Es bleibt unwahrscheinlich, daß nach zweieinhalb Jahrtausenden politischen Denkens die Phrase »Weniger Staat!« der Weisheit letzten Schluß darstellen sollte. Das ist das erste, was am Vulgärliberalismus auffällt: Er hat etwas Barbarisches. Die gesamte Tradition europäischer Sozialphilosophie von Platon bis Popper ist ihm Hekuba; die ganzen feinen Abgrenzungen und Balancierungen von Staat und Individuum werden mit einer Binsenweisheit beiseite gewischt. Der Vulgärliberalismus hat die typischen Züge einer primitiven Glaubenslehre, einer fundamentalistischen Ideologie; er will die Welt aus einem Punkte kurieren. Das hat er mit dem Vulgärmarxismus gemein, jenem schlichten Weltbild aus ökonomischer »Basis« und ideologischem »Überbau«, das die Parthenon-Skulpturen aus der griechischen Sklavenhaltergesellschaft und Bachs Matthäuspassion aus dem Feudalismus »erklären« will.

Der echte, historisch gewachsene Liberalismus war alles andere als eine derartige Schlagwortpropaganda. Er war selbst eine sehr ernstzunehmende Sozialphilosophie. Das gilt auch für »Wirtschaftsliberale«, die man für Ahnherren der ›Focus‹-Lehre halten könnte. Friedrich August von Hayek, einer der Stichwortgeber für Margaret Thatcher und wahrlich ein Marktradikaler, hat ein dickes Buch über ›Die Verfassung der Freiheit‹ geschrieben, in dem er das liberale Ideal bis in die Antike zurückverfolgt und mit allen Wassern der Geistesgeschichte wäscht. Die liberale »Ordnungspolitik«, die von Ökonomen wie Franz Böhm und Walter Eucken, den Gewährsleuten Ludwig Erhards und geistigen Vätern der sozialen Marktwirtschaft, ersonnen wurde, ist ein höchst anspruchsvolles Gedankengebäude, ein ausgeklügeltes System der Freiheitssicherung – übrigens nicht nur gegen staatliche, sondern gerade auch gegen wirtschaftliche Macht; besondere Aufmerksamkeit gilt dem Kampf gegen Monopole, und diesen Kampf hat der Staat zu führen, als Hüter der Wettbewerbsordnung. Der feste rechtliche Rahmen ist für eine erfolgreiche Konkurrenzwirtschaft nicht weniger wichtig als das freie Spiel der Marktkräfte. Das ist wieder hochaktuell geworden in einer Zeit, da sich in Osteuropa und Lateinamerika vielerorts eine Art Mafiakapitalismus ohne wirksame staatliche Aufsicht entwickelt. Natürlich würde auch der bornierteste Vulgärliberale nicht bestreiten, daß der wirtschaftliche Wettbewerb sich nach verläßlichen Spielregeln vollziehen muß, die notfalls mit juristischem Zwang durchzusetzen sind. Aber auch wenn der Vulgärliberalismus diese Wahrheit nicht leugnet, so läßt er sie doch verkommen; er hegt und pflegt den Staat nicht, sondern redet ihn schlecht. Das Desinteresse am durchaus entscheidenden Funktions- und Ordnungsaspekt zeigt sich schon an der naiven Logik des »Weniger« im Slogan »Weniger Staat!«. Liberale wie Hayek oder Eucken wären nie auf die Idee gekommen, das Wirken des Staates letztlich nach den Mengenkriterien »viel« oder »wenig« zu beurteilen. Das richtige Maß an Staatlichkeit ist kein Mengenproblem, sondern eine Frage der Aufgabenverteilung: Was muß die öffentliche Hand tun, und was bleibt sinnvollerweise der Privatinitiative überlassen?

Dafür, und das ist neben seiner werbebotschaftsmäßigen Schlichtheit sein zweiter Unterschied zu prinzipienfestem liberalem Denken, besitzt der Vulgärliberalismus keine Maßstäbe. Er ist von einem blinden Privatisierungsfuror besessen: Immer weg damit, mit den staatlichen Besitztiteln und Beteiligungen! Doch das Staatsproblem läßt sich nicht nach dem Muster des Börsengangs der Telekom lösen. In der Tat steht nirgendwo geschrieben, daß Bahn oder Post staatlich sein müßten; es sind Unternehmen, und der Staat ist aller Erfahrung nach ein schlechter Unternehmer. Aber sie sind auch wiederum nicht *nur* Unternehmen, die Verkehrs- und Kommunikationswege sind auch die Lebensadern der Gesellschaft, die für niemanden verschlossen sein dürfen. Irgend jemand muß dafür sorgen, daß auch in der Lüneburger Heide oder im Bayerischen Wald noch Züge halten und Briefe ausgetragen werden. Da damit nichts zu verdienen ist, wird kein Privatunternehmer das freiwillig tun, der Staat muß ihn dazu zwingen.

Daneben gibt es Staatstätigkeiten, die überhaupt nicht unternehmerischer Natur und daher auch nicht privatisierbar sind. Für die äußere und innere Sicherheit, für Armee, Justiz und Polizei wird das noch den meisten einleuchten, obwohl es auch hier schon eine merkwürdige Gegentendenz gibt. Aber wie steht es zum Beispiel mit dem Bildungsbereich? Muß das Schulwesen weitgehend staatlich, müssen die Lehrer Beamte sein? Daß der Beamtenstatus der Faulheit und Unbeweglichkeit Vorschub leistet, ist ein vulgärliberaler Lieblingsgemeinplatz. Der angestellte, womöglich von den Eltern ausgewählte, kündbare und leistungsabhängig bezahlte Lehrer wäre vielleicht wirklich einsatzfreudiger als der lebenszeitbesoldete und pensionsberechtigte Unterrichtsbürokrat. Er wäre aber auch äußerem Druck gegenüber anfälliger. Seine neuen Arbeitgeber könnten ihm nahelegen, im Geschichtsunterricht nicht ganz soviel von der Brutalität des Manchesterkapitalismus zu reden, in der Biologiestunde gefälligst der »Umwelthysterie« entgegenzuwirken oder im Religionsunterricht doch bitte nicht mit der Bergpredigt linke Politik zu machen. Oder auch andersherum: Nicht aus der Abtreibungsfrage ein völlig überflüssiges, unzeitgemäßes moralisches Problem zu machen oder in Gemeinschaftskunde immerzu auf dem »Unrechtsstaat« DDR herumzureiten. Die Privatisierung des Bildungssystems würde offensichtlich die soziale Gerechtigkeit in Frage stellen: mit guten Gymnasien, wo eine finanzstarke Elternschaft im Hintergrund steht, und einem schäbigen Restschulwesen für die *misera plebs*. Das Risiko der ideologisch motivierten Einflußnahme zeigt aber, daß die Privatisierung auch zur Freiheitsgefahr werden könnte, also zur Gefahr für den höchsten Wert des Liberalismus; und mit Erstaunen sieht man, wie eine vermeintlich antiquierte Einrichtung wie das Berufsbeamtentum der Lehrer sich als Bollwerk der Freiheit entpuppt. Der öffentliche Dienst bietet Schutz gegen die Pressionsmöglichkeiten gesellschaftlicher oder persönlicher Interessen, die längst eine viel größere Bedrohung für den einzelnen und seine Spielräume darstellen als der alte Obrigkeitsstaat.

Der Beamtenhaß ist typisch für das dritte Hauptmerkmal des Vulgärliberalismus: für seine Institutionenfeindlichkeit. Der Vulgärliberalismus, der für Mobilität, Flexibilität und Innovation schwärmt, ist eine Bewegungs- und Veränderungsideologie, ein Fortschrittsglaube, der freilich kein utopisches Ziel kennt, sondern nur die ziellose Utopie des Schneller-Höher-Weiter, ein Kapitalismus der permanenten Revolution. Er hat, auf dem Entwicklungsniveau des technologischen Zeitalters, die Weisheit des vorsokratischen Philosophen Heraklit wiederentdeckt: Alles fließt. Institutionen aber fließen nicht. Sie verkörpern Dauer im Wechsel. Institution ist alles, was bleibt und beharrt, von der erhabensten Geschichtsmacht bis zur banalsten Gewohnheit, vom Felsen Petri bis zum Schalter im Einwohnermeldeamt. Institutionen führen ein Eigenleben, sie schneiden ein Stück Welt aus dem Alltag heraus und stellen es unter besondere Gesetze. Darum ist es zum Beispiel so gespenstisch, wenn jetzt in Berlin die Schulen für Werbung geöffnet werden sollen: Da wird besinnungslos, unter dem Druck öffentlicher Knappheit, ein institutioneller Schutz- und Schonraum aufgebrochen, und Marktkräfte, die ohnehin schon zwei Drittel des Lebens beherrschen, strömen bis in den letzten Winkel ein.

Institutionen sind der Deich, an dem sich die Wellen des Zeitmeers brechen, ein Deich, an dem viele gearbeitet haben. Institutionen sind etwas Kollektives, ein Gemeinschaftsprodukt; und auch das mag der Vulgärliberalismus nicht. Denn er ist zugleich ein Vulgärindividualismus. Darum begeistert er sich auch so sehr für die »Informationsgesellschaft«, die jetzt angeblich die starre, will sagen: institutionell eingerüstete Industriegesellschaft ablöst. Der einzelne vor seinem häuslichen Bildschirm, bei Computer-Heimarbeit oder Tele-Banking, als Ein-Personen-Unternehmer, der die eigene Existenz bewirtschaftet – das ist das Ideal des Vulgärliberalismus. Institutionen sind ihm eine Krücke, an der sich die Menschheit in einer unaufgeklärten Vorzeit durchs Leben geschleppt hat; die Schwachen mögen es weiterhin tun, der vollemanzipierte Zeitgenosse kann sie getrost wegwerfen. In Wahrheit aber sind die Institutionen der Knochenbau des Gesellschaftskörpers; ohne sie würde er nicht etwa schneller vorankommen, sondern auf der Stelle zusammensacken.

Ein nichtvulgärer Liberalismus weiß das. Ralf Dahrendorf, der wichtigste, eigentlich sogar der einzige deutsche liberale Intellektuelle, spricht von dem notwendigen Zusammenhang von »Optionen« und »Ligaturen«, also Bindungen: Um frei zu sein, braucht der Mensch nicht nur Wahlmöglichkeiten, sondern auch Koordinaten, innerhalb deren die Wahlmöglichkeiten erst ihren Sinn bekommen. Er braucht Halt, eine Art inneren Kompaß. Das eben vermitteln die Institutionen; Dahrendorf nennt Familie und Gemeinde, Traditionsgruppe und Kirche. Allerdings, und das ist nun doch ein gemeinsamer Fehler von besseren und schlechteren Liberalen, unterschätzt er dabei den Staat. Die Ligaturen sind für Dahrendorf Sache der »civil society«, der »Bürgergesellschaft«, die überindividuell, aber eben nichtstaatlich ist – eine freie, von lebendiger Überlieferung und erlebter Solidarität zusammengebrachte Assoziation. Als revolutionäre Kraft in Ostmitteleuropa ist die »civil society« berühmt und seither auch im Westen zum Markenzeichen geworden; die unabhängige Gewerkschaft Solidarność in Polen und das tschechische »Bürgerforum« waren die leuchtendsten Beispiele.

Nun ist es gewiß wahr, daß der Staat die sinnstiftenden Lebenszusammenhänge der Bürgergesellschaft nicht selbst schaffen kann. Versucht er es, so überschreitet er seine Grenzen und wird totalitär. Aber schützen und bewahren muß er sie, und zwar, das ist die Pointe, immer mehr gegen die Gesellschaft selbst. Denn statt daß die Gesellschaft Bindungen wachsen ließe, zerstört sie sie durch die Dynamik ihres Wirtschaftens, das die unverwechselbare Person zu einem austauschbaren Marktsubjekt macht, mit der Geschichtslosigkeit einer Wegwerfökonomie, die alle Traditionen ignoriert und auszehrt. Im totalitären System des Kommunismus war die Bürgergesellschaft in der Tat nur ohne und gegen den Staat zu verwirklichen. Im Kapitalismus dagegen, mit seinem Hang zur Totalisierung des Marktes, wird der Staat zu ihrem Garanten. Wenn Ehe und Familie nicht »unter dem besonderen Schutze« (Art. 6 Abs. 1 GG) des Staates stünden, wenn dieser nicht den Kirchen den privilegierten Status von Körperschaften des öffentlichen Rechts verleihen würde und Dahrendorfs heimeligen »Traditionsgruppen« die Vorteile anerkannter Gemeinnützigkeit – kein anderer würde sich ihrer annehmen. Auch da haben sich, wie im oben genannten Beispiel der Lehrfreiheit, die Fronten längst umgekehrt, und die Gefahr droht nicht mehr vom Obrigkeitsstaat, sondern von einem aufs Ökonomische verkürzten Privatliberalismus.

Die Vulgärliberalen reden in einem fort von Freiheit. Der mündige Bürger soll sich frei entscheiden können, wann er einkauft, für welchen Lohn er arbeiten will, wie viele Fernsehprogramme er empfangen möchte, ob er sein Telefon bei der Telekom oder bei einem anderen Anbieter kauft. Freiheit ist das Losungswort für Liberalisierung und Deregulierung. Aber das ist nur die halbe Freiheit. Denn Freiheit bedeutet noch etwas anderes, nämlich politische Selbstbestimmung, die Selbstregierung der Bürger, also Demokratie. »Mehr Demokratie wagen« hieß einmal der Werbeslogan für Willy Brandts Reformpolitik. Davon ist bei den heutigen Freiheitspredigern überhaupt nichts mehr zu hören. Trotz aller Appelle an den mündigen Bürger meinen sie nicht die Freiheit des Bürgers, sondern ausschließlich die Freiheit des Konsumenten und des Produzenten, das freie Spiel von Angebot und Nachfrage. Die politische Freiheit, die Demokratie, muß ihnen sogar verdächtig sein, aus einem sehr einfachen Grund. Demokratische Mehrheiten können die Wirtschaftsfreiheit beschränken und wohlhabenden Minderheiten ärgerliche Lasten auferlegen, etwa durch die Besteuerung. Dann sprechen die Liberalisierer sofort von Sozialneid. Demokratische Mehrheiten können auch strenge Umweltnormen oder Arbeitsschutzvorschriften festlegen, die den Unternehmern als Kostenfaktoren unbequem sind. Sie können die Zulassung von Privatschulen erschweren und so die Sprößlinge der Besserverdienenden in ein staatliches Unterrichtswesen hineinzwingen, in dem sie den halben Tag mit den Kindern von Habenichtsen verbringen müssen. Dann ist prompt von Bevormundung, Überregulierung und Bürokratismus die Rede. Es ist daher verlogen, wenn die Vulgärliberalen bei ihrem Kampf um mehr Marktfreiheit gegen den Obrigkeitsstaat polemisieren. Kein Obrigkeitsstaat, sondern demokratische Mehrheitsentscheidungen haben all jene Beschränkungen des freien Marktes in Kraft gesetzt, über die nun geklagt wird. Die Vulgärliberalen sind in Wirklichkeit nicht gegen den Obrigkeitsstaat, sondern gegen den Staat überhaupt – auch und vielleicht gerade gegen den demokratischen, in dem alle mitreden und das Wirtschaften dadurch so mühsam machen.

Nun ist der Streit zwischen Liberalismus und Demokratie keine Erfindung der Vulgärliberalen; er ist eine alte Sache. Seit der Französischen Revolution fürchten die Liberalen, daß die Herrschaft des Volkes zur »Tyrannei der Mehrheit« verkommen und unangepaßte Minderheiten unterdrücken könnte – die Begüterten, aber auch die Ideenreichen und Unternehmungslustigen, die den Durchschnitt überragen, oder mißliebige Außenseiter, die aus einem spießigen Konsens herausfallen. Der Liberalismus besteht auf den unveräußerlichen Rechten des Individuums, die gegen jede staatliche Macht verteidigt werden müssen – auch gegen eine Macht, hinter der die Mehrheit steht. Aber daß er bei diesen Persönlichkeitsrechten gar nicht mehr an Bürgerrechte denkt, sondern nur noch an den Anspruch auf ungehinderte Geschäftstätigkeit, nicht an politische, sondern bloß an wirtschaftliche Freiheit – das ist der Sündenfall des Vulgärliberalismus.

Hier macht sich, was selten bemerkt wird, auch eine unschöne nationale Eigenheit bemerkbar. Der britische und amerikanische Liberalismus, auch der Brutalliberalismus à la Thatcher, lebt von einem echten, historisch beglaubigten Freiheitspathos. Es ist der Liberalismus freier Völker, in Jahrhunderten erkämpft und im Ernstfall mit Blut, Schweiß und Tränen verteidigt. Der Wind, der da weht, ist nicht nur jener des Wettbewerbs, sondern auch der, in dem die Fahnen flattern. Der deutsche Liberalismus dagegen ist historisch verkrüppelt. Die halbseitige Lähmung des Vulgärliberalismus, seine wirtschaftliche Hypermobilität bei politischem Totalausfall, ist eine deutsche Krankheit. Sie geht zurück bis auf die Reichsgründung. Bismarck hat dem deutschen Bürgertum politisch den Schneid abgekauft, als er die Einheit, die dem Paulskirchenliberalismus mißlungen war, mit Fürstensouveränität und militärischer Gewalt, mit »Blut und Eisen« schuf. Das nationale und das demokratische Ideal, für die bürgerlichen Revolutionäre von 1848 noch eins, fielen auseinander. Indem das Bürgertum die Einheit als Geschenk aus jener Hand annahm, die auch den preußischen Säbel führte, verzichtete es auf den Anspruch auf politische Freiheit. Es blieb das freie Geldverdienen, jener rein ökonomische Liberalismus, der heute bei den Vulgärliberalen seine zeitgemäße Auferstehung erlebt.

Daß der freie Markt mit einem freien Staat verbunden sein müsse, hat das deutsche Bürgertum deshalb nie so recht geglaubt und gefordert, weil seine historische Erfahrung eine andere war: Es konnte auch unter der Kaiserherrschaft reich und mächtig werden. Höheren Ehrgeiz hat es nicht entwickelt. Und als Waffe gegen die Arbeiterbewegung war der preußische Säbel sogar ausgesprochen nützlich. So gibt es in Deutschland seit mehr als hundert Jahren überhaupt keinen politisch und intellektuell imponierenden Liberalismus. Außer Max Weber ist kein einziger großer Name zu nennen (allenfalls eben noch Ralf Dahrendorf, und der ist kaum zufällig nach England gegangen). Nach dem Sturz der Monarchie im Herbst 1918 hat die Republik im Bürgertum, das dem Kaiserreich nachtrauerte, keine Stütze gefunden. Selbst Gustav Stresemann, der bedeutendste bürgerliche Politiker der Weimarer Zeit und in seiner Mischung aus Industriefreundlichkeit und republikanischer Verfassungstreue am ehesten einem modernen Liberalen zu vergleichen, ist kaum von Herzen Demokrat gewesen. Im Widerstand gegen den Nationalsozialismus findet man die verschiedensten politischen

Farben, Altkonservative und Kommunisten, Sozialdemokraten, Katholiken und Protestanten aus der »Bekennenden Kirche« – nur die Liberalen spielen keine Rolle. Sie hatten nichts, was der Verteidigung bis zum Äußersten wert gewesen wäre, nichts, was sie gegen die Versuchung zum Mitmachen immunisiert hätte. Für die Marktwirtschaft stirbt man nicht. Keine gesellschaftliche Klasse oder Gruppe hat im Angesicht Hitlers eine so erbärmliche Figur abgegeben wie das Bürgertum.

Es ist dieser Makel der politischen und moralischen Substanzlosigkeit, des Schmalbrüstigen und Engherzigen, den auch der bundesdeutsche Vulgärliberalismus hat. Er ist nicht, wie der Marktradikalismus von Margaret Thatcher, Teil einer ganzen Lebensform, der Freiheit über alles geht, nicht das logische wirtschaftliche Pendant zu bestimmten politischen Idealen. Der neue deutsche Freiheitsglaube ist ein Kunstprodukt und Gewaltstreich: Ein Volk, mit dessen Liberalität es ursprünglich nicht zum besten steht, wirft sich aufs Liberalisieren, weil ihm das als letzte Rettung des Wohlstands erscheint. Daher das Fehlen aller Großzügigkeit und echten Aufbruchstimmung, die nur aus einem politischen Verständnis von Freiheit entspringen kann, nicht aus einem rein wirtschaftlichen, das letztlich doch nur die persönliche Vorteilssuche meint. Daher das Knickrige und Mißgünstige, die verengte Kundenperspektive und die Steuerzahlersäuerlichkeit, die abstoßende ewige Rechnerei. Daher vor allem, was am schlimmsten ist, die Erniedrigung der Freiheit vom Zweck zum Mittel, zum Instrument der Erzielung von Preisvorteilen: Was kann ich sparen, wenn das Monopol der Telekom gefallen ist? Eine Nation beim angestrengten Preisvergleich, über die Angebote von soundsoviel Fernsprechunternehmen gebeugt, allerwege dem günstigsten Tarif auf der Spur. Und das soll Freiheit sein? Es ist ein Liberalismus nicht für Bürger, sondern für Schnäppchenjäger.

4 | Ein Jahrhundert gegen den Staat

Die Forderung nach einer Mobilmachung des Staates, nach mehr Reaktionsschnelligkeit und Situationsanpassung, ist nicht erst durch die Standortkonkurrenz in der globalisierten Weltwirtschaft aufgekommen. Es ist, wie man im Rückblick sieht, eine Grundtendenz des ganzen 20. Jahrhunderts, die mit der ›Focus‹-Kultur nur einen banalen End- und Gipfelpunkt findet. Am vehementesten allerdings kam diese Tendenz nicht, wie die Vulgärliberalen es gern hätten, in den Heimatländern der politischen Freiheit wie Großbritannien oder den Vereinigten Staaten zum Durchbruch. Die großen Beschleuniger und Antreiber des Gemeinwesens waren vielmehr die totalitären Systeme, Nationalsozialismus und Bolschewismus.

Das ist ein heikler Punkt. Verlangen nach mehr Geschwindigkeit und Rationalität gerät leicht in Konflikt mit den zeitraubenden Umständlichkeiten des Rechts- und Verfassungsstaats. Auch mit den Mitbestimmungsforderungen der Demokratie ist es nicht ohne weiteres zu vereinbaren. Hans-Olaf Henkel ist mit seinen Reformideen denn auch sogleich in die rechte Ecke gestellt worden, etwa von der früheren Bundestagspräsidentin Rita Süssmuth mit ihrer Bemerkung, Demokratie brauche nun einmal Zeit, nur Diktaturen seien schnell. Ähnlich äußerte sich Wolfgang Schäuble, als er nach der Blockade der Steuerreform durch den zu der Zeit noch sozialdemokratisch beherrschten Bundesrat erklärte: »Nicht unser politisches System muß geändert werden, reformbedürftig ist die

SPD. Unser parlamentarisches, föderatives System ist für Deutschland richtig. Aber es müssen alle Verantwortlichen in diesem System verantwortlich mitspielen. Der Eindruck, daß sich nichts bewegt, ist falsch. Politische Systeme, in denen die Entscheidungen leichtfallen, sind nicht die besten. Wir haben in Deutschland damit ganz schlechte Erfahrungen gemacht, mit Braun wie Rot. In der Demokratie ist nun mal vieles mühsamer.« Und ein Leitartikler der ›Süddeutschen Zeitung‹ rief seine Leser sogar, unter Hinweis auf Artikel 20 des Grundgesetzes, zur Verteidigung der freiheitlich-demokratischen Grundordnung gegen Henkel auf; was nur halb spaßig gemeint gewesen sein mag.

Nun ist der Nazi-Verdacht eines der übelsten Instrumente der deutschen Innenpolitik, und man sollte sich hüten, ihn zur Immunisierung des Status quo gegen jede Veränderung zu benutzen. Aber eine Verbindung zwischen der Sehnsucht nach kürzerem politischem Prozeß und dem Liebäugeln mit dem starken Mann, eine Affinität von Effizienz und Diktatur gibt es in der Tat.

In den Jahren 1943 und 1944 hat der Staats- und Völkerrechtler Carl Schmitt an mehreren Universitäten im mit dem nationalsozialistischen Deutschland verbundenen Ausland einen Vortrag über ›Die Lage der europäischen Rechtswissenschaft‹ gehalten. Eine umfangreiche Druckfassung des Referats nahm er 1958 in seine gesammelten ›Verfassungsrechtlichen Aufsätze‹ auf. Die Lage der Rechtswissenschaft, wie Schmitt sie in den vierziger Jahren sah, war schwierig, um nicht zu sagen: verzweifelt. Die langsam und solide mahlenden Mühlen der Gesetzgebung, die der bürgerliche Rechtsstaat betrieben hatte und denen der zünftige Jurist in Ruhe folgen konnte, hatten sich im 20. Jahrhundert halsbrecherisch beschleunigt. »Seit 1914«, schreibt Schmitt, »haben alle großen geschichtlichen Ereignisse und Entwicklungen in allen europäischen Ländern dazu beigetragen, daß das Verfahren der Gesetzgebung immer schneller und summarischer, der Weg des Zustandekommens einer gesetzlichen Regelung immer kürzer, der Anteil der Rechtswissenschaft immer kleiner wurde. Krieg und Nachkrieg, Mobilmachung und Demobilmachung, Revolution und Diktatur, Inflation und Deflation haben, trotz aller sonstigen Verschiedenheiten, in allen europäischen Ländern zu dem gleichen Ergebnis geführt, daß das Verfahren der Gesetzgebung immer mehr vereinfacht und beschleunigt wurde. Es ergingen immer neue und immer weitere Ermächtigungen, durch welche die gesetzgebenden Körperschaften die Befugnis übertrugen, Dekrete und Verordnungen mit Gesetzeskraft zu erlassen. Das ›Dekret‹, die ›Verordnung‹, verdrängte das Gesetz. Man hat von der Verordnung gesagt, sie sei das ›motorisierte Gesetz‹. Aber mit der Motorisierung des Gesetzes zur bloßen Verordnung war der Höhepunkt der Vereinfachungen und Beschleunigungen noch nicht einmal erreicht. So ist neben den Begriff der ›Verordnung‹ noch der der ›Anordnung‹ getreten. Die Anordnung ist ›die elastischste Form der Gesetzgebung‹ und übertrifft die Verordnung hinsichtlich der Schnelligkeit des Zustandekommens und der Einfachheit der Bekanntgabe. Wie die Verordnung ein ›motorisiertes Gesetz‹, so konnte die Anordnung eine ›motorisierte Verordnung‹ genannt werden. Das Gesetz verwandelt sich in ein Mittel der Planung, der Verwaltungsakt in einen Lenkungsakt.«

Carl Schmitt wird bei der unheimlichen Motorisierung der Gesetzgebung nicht nur an die Quasidiktatur von Hindenburgs und Ludendorffs »Oberster Heeresleitung« im Ersten Weltkrieg gedacht haben, an das Notverordnungsregiment des Reichspräsidenten in der späten Weimarer Republik und an die zentralisierte Kriegswirtschaft nach 1939. Sondern auch, was er freilich nicht offen aussprechen konnte, überhaupt an die Ideologie und Herrschaftspraxis des Nationalsozialismus. Damit hatte er Anfang der vierziger Jahre seine Erfahrungen schon gemacht, mit denen er bis an sein Lebensende nicht ins reine kommen sollte. Schmitt hatte sich 1933 den neuen Machthabern zur Verfügung gestellt – teils aus langjähriger Unzufriedenheit mit dem entscheidungsunfähigen, sich selbst preisgebenden Weimarer Parlamentarismus und Parteienpluralismus, teils mit der skrupellosen Servilität des Karrieristen, der auch vor der juristischen Rechtfertigung der Röhm-Morde oder den rüdesten Bekundungen des Antisemitismus nicht zurückschreckte. 1936 allerdings wurde Schmitt, der den alten Parteigenossen wegen seines Opportunismus immer verdächtig gewesen war, in der SS-Zeitschrift ›Das schwarze Korps‹ als unsicherer Kantonist heftig angegriffen und büßte seinen Einfluß weitgehend ein.

Die Palastintrige gegen den Übereifrigen, der noch 1932 der Republik Ratschläge gegeben hatte, wie man der NSDAP den Weg an die Macht versperren könne, war jedoch nur der äußere Anlaß für Schmitts Scheitern im Nationalsozialismus. Es gab auch eine tiefer liegende Unverträglichkeit. Selbst als noch so anpassungsfähiger Jurist konnte Schmitt nämlich die Anforderungen des neuen Systems einfach nicht erfüllen. Der Staat oder das Prinzip der Staatlichkeit, mit dem sein Schicksal als Verfassungsrechtler unauflöslich verknüpft war, war den Nationalsozialisten vollkommen gleichgültig, es war ihnen sogar im Wege. Sebastian Haffner hat das schlagend formuliert: »Hitler interessierte sich nicht für den Staat, verstand nichts vom Staat und hielt nichts vom Staat. Nur auf die Völker und die Rassen kam es ihm an, nicht auf die Staaten. Der Staat war ihm ›nur ein Mittel zum Zweck‹, und zwar, kurz gesagt, zum Zweck des Kriegführens.« Nicht zufällig verstand sich die Partei als »Bewegung«, als entfesselte historische Kraft, die sich nicht in das Gehäuse des Institutionellen pressen ließ.

Der Etatist Schmitt war deshalb für sie nur ein Reaktionär, der mit allerlei Formelkram der radikalisierten Herrschaftsdynamik im Wege stand. Trotz aller antisemitischen Schweinereien hat er ja niemals so etwas wie eine rassistische Jurisprudenz zustande gebracht, und als er Ende der dreißiger Jahre eine ›Völkerrechtliche Großraumordnung‹ für ein deutsch beherrschtes Europa entwarf, war dieses Völkerrecht überhaupt nicht völkisch. Schmitt blieb, auch wenn er mit dem Reichsbegriff operierte, einer staatlich-juristischen Logik verhaftet, von der die neuen Machthaber nichts mehr wissen wollten. So wurde seine Frustration zum Erfahrungshintergrund seiner resignierten These vom ›Staat als konkretem, an eine geschichtliche Epoche gebundenem Begriff‹ (1941), der mit der europäischen Territorialordnung der Neuzeit entstanden und vergangen sei. Und in seinen nach 1945 litaneihaft wiederholten Klagen über das Los von Verstrickung, Abservierung und späterer Sündenbockrolle steckt neben schwer erträglicher Larmoyanz doch auch die historische Selbstwahrnehmung des Juristen, der am eigenen Schicksal die zunehmende Hinfälligkeit seines Gegenstands, des Staates selbst, erlebt.

Daß Hitler trotz gelegentlicher Preußentumsmaskerade wie beim »Tag von Potsdam« mit dem Staat wenig im Sinn hatte, ist nicht nur enttäuschten Parteigängern wie Schmitt, sondern auch juristisch gebildeten Oppositionellen bald aufgefallen. Der Rechtsanwalt Ernst Fraenkel, der, obwohl Jude, als ehemaliger Weltkriegsteilnehmer von 1933 bis 1938 noch in Berlin praktizieren und das Regime aus der Nähe beobachten konnte, hat es in einer 1941 im amerikanischen Exil publizierten Schrift als ›Doppelstaat‹ beschrieben: als widersprüchliches Nebeneinander des alten, auf Rechtssicherheit angelegten »Normenstaats« und eines neuartigen, ohne Rechenschaftspflicht zuschlagenden »Maßnahmenstaats«. Das Handeln der Gestapo etwa, darunter das gesamte Schutzhaft- und Konzentrationslagerwesen, unterlag keiner richterlichen Kontrolle. Um der wirkungsvolleren Repression willen war man bewußt bereit, Willkür und Chaos in Kauf zu nehmen. Parteiinstanzen regierten in Verwaltungsabläufe hinein, die Justiz dankte ab, wenn Gesetzesverletzungen als staatspolitische Notwendigkeiten dargestellt wurden. Wann die Politik und nicht das Recht zählte, entschied die Politik selbst. Ein Beamter, der bei der »freiwilligen« Sammlung des Winterhilfswerks nicht mitgemacht hatte, konnte bestraft werden, weil er, wie der Reichsdisziplinarhof erklärte, »noch heute eine Vorstellung von seiner Freiheit in der krassesten Form liberalistischer Auffassung« hatte; »Freiheit bedeutet für ihn die Befugnis zur Ablehnung aller Pflichten nach eigenem Gutdünken, die nicht in Gesetzesvorschriften ihren deutlichen Ausdruck gefunden haben« – also genau das, was Freiheit in einem Rechtsstaat tatsächlich bedeutet. Im Nationalsozialismus aber ist ein solches Verhalten eine »verwerfliche Ausnützung der Freiheit, die ihm der Führer im Vertrauen auf die deutsche Seele gelassen« hat – im Vertrauen darauf, daß er von dieser Freiheit keinen Gebrauch machen werde.

Es geht hier nicht um die moralische und politische Beurteilung eines solchen Willkürsystems. Es geht nur darum, daß es mit seiner Unberechenbarkeit die Klarheit und Verläßlichkeit zerstört, die zum neuzeitlichen Staat gehört. Der nationalsozialistische Staat, in dem präzise Kompetenzregelungen als bürgerlich-liberales Relikt galten und ein einziger Führerbefehl alles umwerfen konnte, hatte eine Tendenz zum Anarchischen. Franz Neumann, auch er ein emigrierter linker Jurist, hat dafür 1942 das Bild vom ›Behemoth‹ geprägt. In der politischen Theorie Thomas Hobbes' ist das Ungeheuer Behemoth die mythische Gegenfigur zum Leviathan, der Allegorie des souveränen absolutistischen Staates. Während der Leviathan den geordneten politischen Zustand verkörpert, steht der Behemoth für das Bürgerkriegschaos. Der nationalsozialistische Staat ist für Neumann ein Un-Staat, bei aller äußeren Machtentfaltung im Grunde ein Auflösungszustand.

Man würde sich betrügen, wollte man die nationalsozialistische Staatsverachtung nur auf den ideologischen Atavismus schieben, der Menschenrechte und Rechtssicherheit als Aufklärungsideen verwirft. Die andere Seite des Nationalsozialismus, seine fatale Modernität, hatte ebenfalls Anteil an der Zerstörung der Staatlichkeit. Daß nach nationalsozialistischem Rechtsverständnis nicht bloß Kriminelle für konkrete Taten bestraft, sondern »Gewohnheitsverbrecher« und Asoziale als Vertreter einer gemeinschaftsschädlichen Lebensform einfach aus dem Verkehr gezogen werden sollten, unabhängig vom Nachweis einzelner Delikte und ohne Gerichtsurteil – das war nicht bloß Ausdruck eines barbarischen »gesunden Volksempfindens«. Es war vielmehr die Verwirklichung eines durchaus neuartigen, modernen sozialhygienischen Programms, das durchschlagender sein sollte als die hergebrachte Rechtspflege. Die rechenschaftslose »Maßnahme« stand nicht nur für Herrschaftswillkür, sondern auch für Effizienz und Schnelligkeit, für »Sachlichkeit« und die Orientierung am material Gebotenen im Gegensatz zum formalistischen Schnickschnack. Zwischen dem pöbelhaften Verlangen nach »kurzem Prozeß« und dem rational-wirtschaftlichen Effektivitätsstreben besteht eine exakte Analogie; ebenso wie die Perversion der Bürokratie könnte man Auschwitz die Perversion des Unbürokratischen nennen.

Liest man in Hitlers ›Tischgesprächen‹ nach, was dieser über Beamte und Juristen zu sagen hatte, so meint man einen besonders radikalen Bürokratiekritiker reden zu hören. Der »Führer« mokiert sich über das Verzopfte, Bedenkenträgerische, über die Weltfremdheit der Paragraphenhengste, als würde er ein erbsenzählendes Gewerbeaufsichtsamt zu mehr Großzügigkeit bei der Genehmigung einer Industrieansiedlung drängen. »Typisch für die Juristen sei es ja, daß er nach ihrer Doktrin als deutscher Reichskanzler zwar Gesetze und Erlasse über Millionen- und Milliardenbeträge rechtsgültig habe zeichnen können, seine Unterschrift unter einem Testament über – sagen wir – 23 Reichsmark aber zur Gültigkeit der Beglaubigung durch einen Notar bedurft habe. Es habe erst wieder ein Gesetz erlassen werden müssen, um mit diesem Unsinn aufzuräumen.« Der Affekt gegen die Rechtsverdreher ist überaus lebhaft: »Wenn früher der Schauspieler auf dem Schindanger begraben worden sei, so verdiene es heute der Jurist, dort begraben zu werden. Niemandem komme der Jurist näher als dem Verbrecher, und auch in ihrer Internationalität gebe es zwischen den beiden keinen Unterschied.« Oder: »Kein vernünftiger Mensch verstehe überhaupt die Rechtslehren, die die Juristen sich – nicht zuletzt aufgrund des Einflusses von Juden – ausgedacht hätten. Letzten Endes sei die ganze heutige Rechtslehre nichts anderes als eine einzige große Systematik der Abwälzung der Verantwortung. Er werde deshalb alles tun, um das Rechtsstudium, das heißt das Studium dieser Rechtsauffassungen, so verächtlich zu machen wie nur irgend möglich. Als Richter brauche er Männer, die zutiefst davon überzeugt seien, daß das Recht nicht den einzelnen dem Staat gegenüber sichern, sondern in erster Linie bewirken solle, daß Deutschland nicht zugrunde gehe.« Und so geht es in einem fort, hin und her zwischen bloßem Stammtischgerede und einer sehr prinzipiellen Institutionenfeindlichkeit.

Damit soll nicht etwa denunziatorischerweise behauptet werden, der antibürokratische Affekt sei in jedem Fall faschistoid. Entscheidend ist etwas ganz anderes: Schon die Nationalsozialisten sahen im Staat das, was auch heute die Vulgärliberalen in ihm sehen – ein Modernisierungshindernis. Der Staat mit seiner geheimrätlichen Behäbigkeit ist für Hitler letztlich genauso 19. Jahrhundert wie die ständischen Reste in der deutschen Gesellschaft, das adlige Offizierskorps oder die Privilegien der Kirchen – lauter obsolete Starrheiten und Verfestigungen, die in der nationalsozialistischen Volksgemeinschaft eingeschmolzen werden sollten. Diese Volksgemeinschaft ist dann in der Tat die Vorstufe der spezifisch bundesdeutschen klassenlosen Tüchtigkeitsgesellschaft geworden, die an Moderni tät den traditionelleren Gesellschaften jener westlichen Nationen überlegen war, deren alte Strukturen durch keine totalitäre Diktatur und keine Kriegsniederlage zerbrochen wurden. Ralf Dahrendorf hat in seinem Klassiker ›Gesellschaft und Demokratie in Deutschland‹ diese modernisierende, sozial egalisierende Wirkung des Nationalsozialismus beschrieben. Ludwig Erhards Idee, daß der »Wohlstand für alle« und die soziale Aufstiegschance für jedermann den eigentlich revolutionären Sieg über die alten Klassenschranken darstelle, lag ganz auf dieser Linie. Denn die Modernität der Bundesrepublik hing wesentlich damit zusammen, daß sie kaum mehr Staat war, nachdem der Nationalsozialismus alles Staatliche zunächst ausgehöhlt und dann diskreditiert hatte. Die Abwendung vom Nationalstaat, das Selbstverständnis als »postnationales« Gebilde und das Streben nach Selbstauflösung in Europa waren nur die auffälligsten Momente dieser allgemeinen Entstaatlichung.

Nicht weniger staatsfremd als der Nationalsozialismus war das andere totalitäre Regime des 20. Jahrhunderts, der Kommunismus. Zwar ist er in den Augen seiner westlichen Gegner vor allem eine Staatsdiktatur und Staatswirtschaft gewesen; und der Untergang des sowjetischen Systems liefert den Weniger-Staat-Propagandisten willkommene Argumente für Privatisierung und Deregulierung: Dem bürokratischen Sozialismus, heißt es, müsse jetzt auch der bürokratisierte Sozialstaat in die Grube der Geschichte nachfahren. Aber der totalitäre Kommunismus unterhielt in Wirklichkeit, obwohl man gern vom »totalen Staat« spricht, zum Staat ein vollkommenes Unverhältnis. Ein totaler Staat ist gar kein Staat, weil zum Staat die Begrenztheit gehört, das Wohldefinierte, in der Neuzeit klassischerweise die Unterscheidung von Staat und Gesellschaft, von Öffentlichkeit und Privatsphäre. Wo alles Staat ist, ist der Staat in Wahrheit nichts.

Die Wesenlosigkeit des Staates ist kein Produkt realsozialistischer Fehlentwicklungen, sie gehört von Anfang an zur Lehre des Marxismus. Staat ist für Marx nichts Selbständiges, sondern nur ein Sekundärphänomen der Gesellschaft, der Ausdruck unversöhnlicher Klassengegensätze: Die Staatsautorität ist das Mittel, mit dem die herrschende Klasse die beherrschte unterdrückt. Mit dem Aufhören des Klassengegensatzes wird auch die politische Herrschaft verschwinden. Das ist die berühmte Lehre vom »Absterben des Staates«, die Engels klassisch formuliert hat: »Der Staat ist nicht von Ewigkeit her. Es hat Gesellschaften gegeben, die ohne ihn fertig wurden, die von Staat und Staatsgewalt keine Ahnung hatten. Auf einer bestimmten Stufe der ökonomischen Entwicklung, die mit der Spaltung der Gesellschaft in Klassen notwendig verbunden war, wurde durch diese Spaltung der Staat eine Notwendigkeit. Wir nähern uns jetzt mit raschen Schritten einer Stufe der Produktion, auf der das Dasein dieser Klassen nicht nur aufgehört hat, eine Notwendigkeit zu sein, sondern ein positives Hindernis der Produktion wird. Sie werden fallen, ebenso unvermeidlich, wie sie früher entstanden sind. Mit ihnen fällt unvermeidlich der Staat. Die Gesellschaft, die die Produktion auf Grundlage freier und gleicher Assoziation der Produzenten neu organisiert, versetzt die ganze Staatsmaschine dahin, wohin sie dann gehören wird: ins Museum der Altertümer, neben das Spinnrad und die bronzene Axt.«

Daß der Staat langfristig gesehen auf der Verliererseite der Geschichte steht, daß er letztlich rückständig und unmodern ist – das ist das eine Stück dieses Gedankengangs, das weit über den Marxismus hinaus Beifall findet. Das zweite ist die Begründung dieser Diagnose mit der technologischen und ökonomischen Entwicklung. Denn die Vorstellung von der schließlichen Entbehrlichkeit des Staates ist aufs engste mit der Idee einer Überflußgesellschaft verknüpft, in der alles für jeden reichlich vorhanden ist, so daß eine Autorität zur Regelung von Verteilungskonflikten entfallen kann. »An die Stelle der Regierung über Personen«, schreibt Engels, »tritt die Verwaltung von Sachen und die Leitung von Produktionsprozessen.« »Die Politik ist das Schicksal«, hatte Napoleon gesagt. »Die Wirtschaft ist das Schicksal«, hatte der AEG-Chef und liberale Politiker Walther Rathenau ihn korrigiert. Der Marxismus sieht das genauso. In der Entmachtung des Politischen zugunsten des Ökonomischen sind sich Kapitalismus und Kommunismus einig. Das ist der tiefere Grund der Staatsfeindschaft, die das 20. Jahrhundert durchzieht.

Staatlichkeit bedeutet Zwang, bedeutet Gebote und Verbote, bedeutet, daß dem einen vorenthalten wird, was man dem anderen gewährt. Staatlichkeit bedeutet im Ernstfall sogar Gewalt – im Innern als Polizei- und Strafhoheit, als »staatliches Gewaltmonopol«, nach außen als militärische Machtausübung, von der Drohung bis zum Krieg. Die staatliche Organisation ist in der Geschichte das Mittel gewesen, mit dem die Menschheit das Problem der Knappheit bewältigt hat, der Knappheit materieller Güter, aber auch sozialer Chancen: Nicht jeder kann alles haben, er kann aber auch nicht alles sein, nicht jeder kann befehlen, viele haben zu gehorchen.

Die Wachstumsgesellschaft des 20. Jahrhunderts hat nun den Eindruck erweckt, Knappheit müsse nicht mehr bewältigt, sie könne überwunden werden. In früheren Zeiten war die Verteilung ein Nullsummenspiel: Was dem einen gegeben wurde, mußte dem anderen genommen werden, und also brauchte man eine Instanz, die darüber entschied. Das war im Innern der Staat; zwischen den Staaten gab es eine solche Instanz nicht, aber auch da galt, daß die Verteilung ein Nullsummenspiel war, daß der eine Staat dem anderen wegnehmen mußte, was er für sich erwerben wollte – das war eben das Wesen des Krieges. Erst das wirtschaftliche Wachstum der letzten Jahrzehnte schien die Möglichkeit zu eröffnen, mit solchen barbarischen Sitten Schluß zu machen. Kein Krieg mehr, keine Unterdrückung, auch keine Revolution: Allen sollte nur noch gegeben, niemandem mehr genommen werden. So haben die westlichen Industrieländer in den vergangenen fünfzig Jahren auch wirklich gelebt; und es ist kein Wunder, daß die Idee des Staates dabei ziemlich aus der Mode kam, sosehr er als Mechanismus der Überflußausschüttung, als, mit Engels zu sprechen, Verwalter von Sachen und Leiter des Produktionsprozesses auch weiterhin, und immer mehr, gebraucht wurde. Das Absterben des Staates, das der Kommunismus für eine ferne, utopische Zukunft auf seine Fahnen geschrieben hatte – der real existierende Kapitalismus der Nachkriegszeit, die westliche Wohlstandsgesellschaft, hat es nach Kräften verwirklicht.

Von hier aus versteht man, warum Staatskritik so unauflöslich mit dem Wachstumsglauben verbunden ist, warum auch bei Henkel oder Herzog das Ressentiment gegen den Staat mit der Beschwörung der Wachstumskräfte einhergeht. Denn wenn es nicht mehr von allem für alle immer mehr gibt, dann wird auch der Staat wieder wichtiger. Viel spricht dafür, daß es so kommen wird und daß die staatsvergessene Epoche des unaufhörlichen Wachstums nur eine historische Episode war. Die ökologische Einsicht in die »Grenzen des Wachstums«, von vielen vergessen, dadurch aber nicht falsch geworden, ist das eine Signal für das Ende der Überflußperiode. Das andere ist die vielberedete Globalisierungskrise, die den Wohlstand der alten Industrieländer bedroht. Der Abschied vom Staat, den das 20. Jahrhundert nehmen wollte, war voreilig.

5 | Zangenangriff von links und rechts

Die Frage, wieviel oder wie wenig Staat wir brauchen, wird dadurch kompliziert, daß nicht von vornherein klar ist, was Staat hier eigentlich heißen soll. Unter Staat wird in der politischen Debatte üblicherweise zweierlei verstanden; und je nachdem, was gerade gemeint ist, sind Sympathie und Gegnerschaft sehr unterschiedlich verteilt. Es gibt den Staat als Ordnungs- und Sicherheitsmacht, als Garanten von Law and order, als Schirmherrn traditioneller Lebensformen und Wahrer nationaler Interessen. Und es gibt den Sozial- und Steuerstaat, den Umverteiler und Daseinsvorsorger, den Betreiber eines gewaltigen finanziellen Transfersystems zugunsten der Benachteiligten. Herkömmlicherweise ist es so, daß die Liebhaber der einen Art von Staatlichkeit Kritiker der anderen sind, und umgekehrt. »Rechts« will man einen starken, aber schlanken Staat: den Schutz von Ehe und Familie und eine strenge Polizei, niedrige Steuern und knapp bemessene Arbeitslosenhilfe. »Links« wird man zwar nicht gerade zugeben, einen schwachen, aber fetten Staat zu wollen, doch sind die Vorlieben in der Tat genau umgekehrt angesiedelt: Man ist für großzügige Sozialleistungen, aber gegen den »Polizeistaat«, die Bundeswehr oder die steuerliche Privilegierung der bürgerlichen Kleinfamilie durch das Ehegattensplitting.

Die marktwirtschaftliche Kritik am aufgeblähten, bürokratischen, überregulierten Verteilungsstaat ging bislang gern einher mit eher strengen Vorstellungen von Recht,

Ordnung und Sitte – diese Kombination war es eben, die den Konservativen ausmachte. Der typische Konservative war, um es mit den polemischen Begriffen der Gegenseite zu sagen, für den Obrigkeitsstaat, der aber zugleich nur ein Nachtwächterstaat sein sollte. Der Staat hat das Eigentum zu schützen, nicht die Besitz- und Einkommensverhältnisse zu korrigieren. Wolfgang Schäuble hat diese klassische Position 1994 in seinem Buch ›Und der Zukunft zugewandt‹ noch einmal erneuert, unter Berufung auf den Staatsrechtler Ernst Forsthoff, den vielleicht bedeutendsten Schüler von Carl Schmitt: »Unser Problem ist nicht nur, daß wir zuviel Staat haben, sondern auch, daß aus diesem Zuviel Schwäche resultiert. Um ein historisches Beispiel zu nennen, das kaum jemand bestreiten wird: Die Weimarer Republik beanspruchte ihre Bürger finanziell in sehr viel höherem Maße als das vorangegangene Kaiserreich und war doch – erst recht im Vergleich zur vorangegangenen Monarchie – nur ein schwacher Staat. In diesem Sinn haben wir heute wieder zuviel Staat. Wir haben aber auch zuwenig Staat, nämlich da, wo es um die ureigensten Aufgaben der Gemeinschaft geht. In den Worten Forsthoffs, die heute mehr noch als 1955, als er sie veröffentlichte, gültig sind: ›Wir haben zuviel Staat in der durch ein problematisches Gleichheitsstreben und fachmännischen Perfektionsdrang ausgeweiteten Gesetzgebung und Verwaltung. Wir haben zuwenig Staat in allem, was die Behauptung unserer äußeren und inneren Sicherheit und Ordnung betrifft, wir haben zuwenig Staatsgesinnung. Wir haben deshalb zuviel und zuwenig Staat – jeweils an der falschen Stelle‹«.

Zuviel und zuwenig Staat, jeweils an der falschen Stelle: So sieht es die Linke auch, nur unter umgekehrten Vorzeichen. Die Abschaffung des Obrigkeitsstaats, die sie propagiert, verträgt sich in ihren Augen durchaus mit der kräftigen Ausweitung von Wohlfahrt und Fürsorglichkeit.

Man ist für eine Lockerung der Drogenpolitik bis hin zur kontrollierten Abgabe von Heroin an Süchtige, man ist für die doppelte Staatsbürgerschaft für langjährig in Deutschland lebende Ausländer, was dem konservativen Staatsdenken zuwider ist – aber beim Kürzen von staatlichen Leistungen ist man zurückhaltend. Die linksliberalen Anwälte der Bürgerfreiheit, wie Gerhart Baum oder Burkhard Hirsch in der FDP, waren sozialliberal nicht nur im praktisch-koalitionspolitischen Sinne, insofern sie die Sozialdemokraten als Bündnispartner der Union vorzogen; sie waren überhaupt dem Sozialstaat weniger abgeneigt als ihre mehr marktwirtschaftlich orientierten Parteifreunde. Ihr Gegenspieler Otto Graf Lambsdorff, der Wirtschaftsliberale par excellence, verbindet dagegen den Wunsch nach größtmöglicher ökonomischer Freiheit mit lebhaften konservativen Instinkten in Sachen Staat und Gesellschaft; er kann sich für die Aufwertung nichtehelicher Lebensgemeinschaften nicht begeistern und sah wenig Anlaß zum Widerstand gegen die Verschärfung des Asylrechts oder die Einführung des »Lauschangriffs«. In seinem Arbeitszimmer hängt ein Porträt Otto von Bismarcks.

Die hier skizzierte Über-Kreuz-Konstellation – Wirtschaftsliberalismus mit gleichzeitiger Liebe zu Recht, Ordnung und Nation, Emanzipationsliberalismus verbunden mit Sozialstaatlichkeit – sorgte dafür, daß der janusköpfige Staat mit einem seiner beiden Gesichter jedenfalls Gefallen fand. Eine generelle Staatsfeindlichkeit konnte es unter diesen Umständen nicht geben, nur Streit über die richtige Akzentsetzung. Aber diese stabile Konstellation löst sich auf. Warum eigentlich soll der Verfechter des Laisserfaire für Law and order sein? Solange es ein kompaktes bürgerliches Milieu gab, in dem man auf Besitz ebenso Wert legte wie auf Sitte und Anstand, mochte die Verbindung natürlich scheinen. Recht und Ordnung dienten dem Schutz des Privateigentums, das sich wiederum in der

Hand patriarchalisch regierter Familien befand: So bildeten Strenge des Gesetzes, freie Wirtschaft und bürgerliche Moral ein Ganzes. Doch das gehört der Vergangenheit an, der Welt des 19. Jahrhunderts, bestenfalls der Welt unserer Großväter und Väter.

Im Wesen der Marktwirtschaft dagegen ist es keineswegs angelegt, daß sie mit Respekt vor der Staatsautorität oder der überlieferten Lebensordnung einhergehen muß. Sicherheit kann sich der Besserverdienende auch kaufen, wie die Karriere der privaten Wach- und Schutzdienste zeigt. Ein staatliches Gewaltmonopol, aus öffentlichen Mitteln finanziert, ist eine Art Sozialleistung: Die Wohlhabenden unterhalten mit ihren Steuergeldern einen Wohltätigkeitsverein namens Polizei, der für die Sicherheit von Leuten sorgt, die ihre Sicherheit nicht selbst bezahlen können. Das wirtschaftliche Interesse der Reichen spricht durchaus nicht dagegen, sich aus dieser Solidargemeinschaft zu verabschieden, wenn sie nur die Berührung mit der Verbrechenswelt der Armen einigermaßen zuverlässig vermeiden können. Man kann also sehr wohl für Laisser-faire sein, ohne deshalb an Law and order zu hängen. Und was Sitte und Anstand angeht: Die Entfesselung der Marktkräfte, die Verwandlung der Menschen in Nichts-als-Konkurrenten, der Vorrang von Karrierezwängen vor privaten Bindungen, überhaupt der Primat des Geldes – das alles ist der Moral, den »family values«, eher abträglich als förderlich.

So sind auch die im engeren Sinne staatlichen Ordnungsaufgaben dem Wirtschaftsbürger keine Herzenssache mehr. Es wurde schon das Beispiel des Münchner Abtreibungsarztes erwähnt, der in ›Focus‹ als pfiffiger Unternehmer recht gut wegkam, während die hartnäckigen Abtreibungsgegner in der CSU, die ihm sein Geschäft verleiden wollten, als Dinosaurier dastanden. Ein bezeichnendes Beispiel ist auch die allgemeine Wehrpflicht, die bei keiner anderen Gruppierung, außer den Grünen, so schlecht gelitten ist wie bei der Marktpartei FDP. Wer nur Kaufen und Verkaufen im Kopf hat, für den ist auch die äußere Sicherheit eine käufliche Ware. Man muß sie sich leisten können, sie sich von Profis verschaffen lassen – so kommt man zu einer Freiwilligen-, einer Berufs-, warum nicht gleich zu einer Söldnerarmee? Daß die Wehrpflichtarmee, das »Volk in Waffen«, seit der Französischen Revolution und den preußischen Befreiungskriegen das Pendant zu Volkssouveränität und Demokratie war, spielt für den Vulgärliberalen keine Rolle, da er rein ökonomisch, nicht politisch und schon gar nicht historisch interessiert ist. Und wenn man ihn gar darauf aufmerksam machen wollte, daß schon Machiavelli im ›Fürsten‹ vor Söldnertruppen warnt, weil man zum Kriegführen stärkere Loyalitäten als das Geld braucht – er wäre vermutlich fassungslos über die Zumutung, auf den berüchtigten Theoretiker des glücklich überwundenen Machtstaates hören zu sollen. So unbarmherzig der Neuliberalismus ökonomisch und gesellschaftlich ist, sowenig ihn das steiler werdende Gefälle zwischen Reich und Arm schert, sosehr scheut er die Berührung mit der physischen Gewalt, dem harten Kern der Staatsmacht.

Die linksalternative ›tageszeitung‹ hat das genau gespürt und in den Wochen vor dem dann doch gescheiterten FDP-Mitgliederentscheid über die Abschaffung der Wehrpflicht eine halbironische Serie »Helm ab! Ein taz-Ratgeber für die FDP« veröffentlicht, in der ein Bündnis von Pazifismus und Liberalismus angeboten wurde. »Die Erwerbsbiographie ist im Eimer« war der erste Artikel überschrieben, der das Herz der FDP-Klientel zielsicher mit ökonomischen Argumenten gegen den Waffendienst gewinnen wollte: »Immer noch zerstört die Wehrpflicht Biographien«, hieß es da. »1997 wurden bislang allein an die 5000 Abiturienten aus einer Lehre heraus einberufen. Die

Betriebe führen diese Lehrstellen leerstehend weiter. 5000 andere gucken wegen solcher Blockade in die Röhre.« Wie unsozial ist das, war die Botschaft, aber auch wie unökonomisch und unproduktiv! Wer als Rekrut auf dem Schießplatz herumballert oder durch den Dreck kriecht, dem geht schließlich nicht nur wertvolle Lebens- und Berufszeit verloren, er bringt auch seinem Arbeitgeber nichts ein und tut nichts fürs Bruttosozialprodukt. Das kann doch kein (Wirtschafts-)Liberaler wollen.

Als die FDP 1982 die sozialliberale Koalition platzen ließ und mit der Union zusammenging, war der Hauptgrund die Wirtschaftspolitik: Otto Graf Lambsdorff wollte mehr Markt, als er mit der SPD haben konnte. Aber es wurde auch spekuliert, daß die FDP nun ihre nationalliberale Seite wieder stärker hervorkehren würde. Bei den Liberalen, die in der Nachkriegszeit viele ehemalige Nationalsozialisten aufgenommen hatten, gab es ja eine durchaus deutschnationale Tradition, stärker sogar als in der rheinisch-katholischen, nach Westen orientierten CDU. Interessanterweise hat dieser Flügel keinen entscheidenden Einfluß auf die Partei gewinnen können. Seine Exponenten sind aus der FDP verdrängt worden oder führen ein Nischendasein: Der frühere bayerische Landesvorsitzende Manfred Brunner hatte seinen eigenen »Bund freier Bürger« gegründet, der hessische Landtagsabgeordnete Heiner Kappel ist aus der FDP ausgeschieden, der frühere Generalbundesanwalt Alexander von Stahl mußte auf Parteitagen eine Niederlage nach der anderen einstecken. Dieses Verschwinden des Nationalliberalismus ist ein bemerkenswertes Symptom. Die zunehmend aufs Wirtschaftliche konzentrierte FDP ist zwar in gewisser Weise »rechter« geworden, sozial rücksichtsloser – zugleich aber auch »linker«, staatsferner, desinteressierter an Institutionen und Autorität. Nur mit Mühe hat sich die Partei zur Anschaffung des neuen Jagdflugzeugs »Euro-

Fighter« für die Bundeswehr bereit gefunden. Bei den Liberalen wird wohl viel von Selbstverantwortung gesprochen, die der einzelne für sein Leben wieder übernehmen müsse, um der Überforderung des Staates durch die Absicherungsansprüche der Bürger ein Ende zu machen. Aber mehr und anderes als die Individualisierung wirtschaftlicher und sozialer Daseinsrisiken, mehr als Privatisierung also, ist mit dieser Selbstverantwortung nicht gemeint. Von genuin staatsbürgerlichen Pflichten ist dabei keine Rede.

Das gilt nicht etwa nur für die Wehrpflicht. Nicht einmal allgemeinen Gesetzesgehorsam kann glaubwürdig verlangen, wer gleichzeitig das Nichtzahlen von Steuern als eine Art Bürgernotwehr gegen die Ausbeutung durch das Finanzamt respektabel macht. Monatelang haben Unternehmer und wirtschaftsfreundliche Publizisten einen am Ende vergeblichen Kampf gegen das Schlagwort von den »Steuerschlupflöchern« geführt, die es zu »stopfen« gelte. ›Focus‹-Chefredakteur Helmut Markwort schrieb damals: »Ein Herausgeber der FAZ fordert es, der Präsident des Bundes der Steuerzahler ist auch dafür, und ich sei, gewährt mir die Bitte, in eurem Bunde der Dritte: ›Steuerschlupfloch‹ muß Unwort des Jahres werden. Politiker von Koalition und SPD gebrauchen dieses Wort ebenso raffiniert wie heuchlerisch, um korrekt handelnde Staatsbürger zu diffamieren.« Die Schlupflöcher sind aus dieser Sicht keine Schlupflöcher, sondern Gestaltungsmöglichkeiten, die der ausgepowerte Steuerzahler legitimerweise nutzt. Es gehe hier schließlich nicht um Steuerhinterziehung. Doch auch die eigentliche Steuerhinterziehung wird kaum mehr verurteilt. Nicht das Hinterziehen, sondern das Erheben von Steuern ist im vulgärliberalen Weltbild das eigentliche Verbrechen; der Staat ist ein Dieb, Finanzamt und Steuerfahndung sind Eindringlinge in die Privatsphäre. Der sächsische Wirtschaftsminister Kajo Schommer (CDU) beklagt sich über die »skandalöse

Schnüffelpraxis«, die ihm die Investoren vergrault: »Im In- und Ausland liest man von Razzien in Banken, von Nacht-und-Nebel-Aktionen bei Boris Becker, man sieht den Vater von Steffi Graf in Handschellen. Das ist demotivierend. Da bleibt man lieber weg.« Den kriminellen Aspekt der Sache nimmt Minister Schommer nicht besonders ernst: »Was heißt denn Steuerhinterziehung? Wer ein Steuersystem nicht mehr als gerecht empfindet, wird versuchen, es zu unterlaufen. Stellt die Behörde ein Ortsschild weit vor allen Häusern auf, werden die Autofahrer das Schild nicht respektieren und ihr Tempo nicht drosseln.« Recht ist nach dieser Anschauung, was der Täter für gerecht hält. Wie will man da noch von überzeugten Atomkraftgegnern verlangen, daß sie aufs Absägen von Strommasten oder auf die Blockade der »Castor«-Transporte verzichten sollen? Die notorische Nachsicht mit Wirtschafts- und Steuerkriminalität ist es, die den guten Marktwirtschaftler am Ende zum staatsfeindlichen Gesellen macht.

Wie die Marktwirtschaft die Reste des Obrigkeits- und Nationalstaates angreift, wie die gewohnte Verbindung von schlankem und starkem Staat sich auflöst, sieht man auf besonders lehrreiche Weise an der in der vorherigen Regierungskoalition strittigen Ausländerpolitik. Die FDP wollte die Einwanderung nach Deutschland erleichtern und zumal die doppelte Staatsbürgerschaft für hier geborene Ausländerkinder ermöglichen; viele in der Union, vor allem Innenminister Kanther und die CSU, waren dagegen. Die Liberalen hatten erkannt, daß sie hier ein Bürgerrechtsthema besetzen konnten, das dem häßlichen Image der Ein-Punkt-Partei, die nichts als Steuersenkungen will, abzuhelfen vermochte. Und was die Sache besonders vorteilhaft machte: Sie konnten sich sicher sein, daß ein liberales Ausländerrecht und die Interessen der Wirtschaft durchaus miteinander harmonieren. Liberalisierung und

Globalisierung gelten ja nicht nur für die Kapital- und Güter-, sondern auch für die Arbeitsmärkte; die ungehinderte Zuwanderung anspruchsloser Arbeitskräfte, der Lohndruck auf die verwöhnten deutschen Arbeitnehmer, ist für die Unternehmen ja prinzipiell von Vorteil.

Als der Streit um die doppelte Staatsbürgerschaft auf dem Höhepunkt war, machte die ›taz‹ mit der Schlagzeile auf: »Kapital will Einwanderer, Koalition keine Ausländer.« Der Artikel zitierte den Chefvolkswirt der Deutschen Bank, Norbert Walter, und den Präsidenten des Deutschen Industrie- und Handelstages, Hans-Peter Stihl, mit der Forderung nach einer gezielten, ökonomisch begründeten Einwanderungspolitik, um der Überalterung der Bevölkerung entgegenzusteuern. »Deutschland ergraut«, hatte Walter erklärt, »wir haben die dramatischste Situation der Welt«, und: »Jugendlichkeit entscheidet über Innovation.« Die Pointe der ›taz‹ war klar: Das Kapital steht »links«, es ist modern und aus wohlverstandenem Eigennutz internationalistisch, es fegt die anachronistischen Ängste der Altkonservativen vor »gespaltenen Loyalitäten« und anderen Phantasiegefahren einer doppelten Staatsbürgerschaft beiseite. Ex-Minister Kanther wurde zum Standortnachteil. Ob es In- oder Ausländer sind, ethnische oder eingebürgerte Deutsche, die den Sozialversicherungssystemen und dem Wirtschaftskreislauf frisches Blut zuführen, ist aus ökonomischer Sicht gleichgültig; wer dagegen, wie die Unionsrechten, völkische Sentimentalitäten pflegt, den bestraft der Markt, das wirkliche Leben.

Ängste vor Überfremdung und Identitätsverlust gibt es denn auch nicht im Establishment, sondern am unteren Rand der Gesellschaft. Man hat es Gerhard Schröder übel vermerkt, daß er im Sommer 1997 in einem ›Bild‹-Interview die innere Sicherheit auf ziemlich rüde Weise zum politischen Thema machte und dabei die Ausländerkriminalität ungeniert in den Vordergrund stellte. Aber daß es ein Sozialdemokrat war und kein Bürgerlicher, der diese Frage aufs Tapet brachte, das war kein bloßer Opportunismus, sondern hatte seine politische Folgerichtigkeit. Zwar waren Schröders Einlassungen in der Tat populistisch, sie mobilisierten die Sorgen und Stimmungen des kleinen Mannes. Doch lag darin, neben aller Demagogie, auch ein gewisses Recht. Das Demagogische bestand in der Bedienung von Affekten, in einer Politik der Angst; richtig aber war, daß das Sicherheitsbedürfnis, das Schröder seinerzeit ansprach, tatsächlich eine soziale Frage ist, daß es mit dem Schutzverlangen von Leuten zu tun hat, die in eine neue, als unheimlich empfundene Welt hineingestoßen werden und nicht über die finanziellen Mittel verfügen, die zur Sicherung der eigenen Interessen nötig wären. Denn illegale Einwanderung, Verschiebung gestohlener Autos nach Polen, Dealer aus Ghana und was auch immer Schröder sonst noch ins Feld führte – das alles sind ja letztlich nur Nebenfolgen jener Öffnungs-, Internationalisierungs- und Mobilisierungsprozesse, die zur Entwicklung eines grenzenlosen Weltmarkts gehören. Es sind Folgen von Liberalisierungen, die eine ökonomische Elite einer verunsicherten Bevölkerung zumutet. Das steckt hinter der Rede von den »Modernisierungsverlierern«, die für stramme Law-and-order-Parolen anfällig seien. Jedenfalls ist es nicht mehr, wie früher, eine bürgerliche Selbstverständlichkeit, für Recht und Ordnung zu sein, es geht nicht mehr um das Interesse der Wohlhabenden, ihr Eigentum geschützt zu sehen, sondern um das Interesse von Habenichtsen und abstiegsgefährdeten Mittelschichten, sich die Folgen bedrohlicher Veränderungen vom Leibe zu halten.

Mit solchen Sozialfällen, die zu Chauvinismus neigen und womöglich sogar für die Propaganda von Neonazis anfällig sind, will die aufgeklärte Linke natürlich nichts zu tun haben. Dann lieber die ausgestreckte Hand der Wirtschaft ergreifen und mit Hans-Peter Stihl und Norbert Walter für erleichterte Einwanderung kämpfen! Man muß die Psychologie der deutschen Linken bedenken, um zu begreifen, was diese unverhoffte Allianz, was die Entdekkung der Liberalität des »Kapitals« für sie bedeutet. Lange hat sie ihre Kritik am National- und Obrigkeitsstaat, am Staat der Dreggers und Kanthers, bloß moralisch und idealistisch begründen können, aus Solidarität mit Ausgegrenzten und Hilflosen. Ausländer etwa, das waren aus dieser Sicht der Dinge kulturell isolierte Gastarbeiter, politisch verfolgte Asylanten und beklagenswerte Armutsflüchtlinge, mit denen man nur Mitleid haben konnte. Das ist ehrenwert, aber unbefriedigend: Wer möchte schon auf Dauer, als politischer Don Quichotte, kraftlose Moralprinzipien einer Wirklichkeit entgegenhalten, die nun einmal nicht so ist? Und nun bietet sich plötzlich die Chance, die Wirklichkeit auf der eigenen Seite zu haben, die Wirklichkeit der kapitalistischen Gesellschaft schlechthin, den Markt, die Wirtschaft. Der Multikulturalismus ist keine Utopie mehr, die man der schlechten Realität abtrotzen muß, er wird von der Realität der Globalisierung und der Modernisierung selbst gefordert – und die Konservativen, die immer mit den stärkeren Bataillonen marschierten und von denen man so oft den Vorwurf der Weltfremdheit hören mußte, sie stehen nun selbst als weltfremd da und haben die stärkeren Bataillone gegen sich. Mit der Deutschen Bank gegen die deutsche Rechte: Ein gewisses Triumphgefühl des grünalternativen Lagers über diese wunderbare Schicksalswendung ist gut zu verstehen.

Spiegelbildlich zur Figur des Bankers, der mit dem National- und Obrigkeitsstaat nichts mehr anfangen kann, kommt dabei auf der Linken ein Typus auf, der den Sozialstaat satt hat. Der beste Indikator dafür ist das politische Klima bei den Grünen. Schon vor Jahren ist für ihre Rolle das halb scherzhafte Etikett von der »Öko-FDP« geprägt worden. Damit war nicht bloß eine neue Funktion im Parteiensystem gemeint, als Mehrheitsbeschaffer und Koalitionspartner, mit der sie den Liberalen den Platz als dritte Kraft im politischen Spiel streitig machten. »Öko-FDP« hieß auch: Die Grünen sind eine Partei der Besserverdienenden, nicht der Benachteiligten, eine Partei von Individualisten, nicht von Gemeinschaftsmenschen. Mitglieder, Anhänger und Wähler der Grünen sind noch immer, auch wenn die Gründergeneration in die Jahre gekommen ist, im Durchschnitt jünger als die Klientel der anderen Parteien. Die älteren unter ihnen, die zumeist wohletablierten Ex-Achtundsechziger, leiden unter der Abgabenlast nicht weniger als andere Angehörige der Mittelschichten; und obwohl viele im öffentlichen Dienst beschäftigt sind, etwa als Lehrer, und daher dem Staat als Brotgeber zu einer gewissen Dankbarkeit verpflichtet sein müßten, so sind sie ihm als Steuerzahler doch zugleich besonders hilflos ausgeliefert, da ihnen die vielfältigen Flucht- und Gestaltungsmöglichkeiten der mehr zur FDP neigenden Selbständigen und Freiberufler nicht im selben Maße zu Gebote stehen.

Die Jungen bei den Grünen wiederum teilen das allgemeine Gefühl ihrer Altersgenossen, vom Sozialstaat betrogen zu werden. Sie sehen sich in einen »Generationenvertrag« hineingezwungen, den sie aus freien Stücken niemals geschlossen hätten, weil er allein den Alten zum Vorteil gereicht und den Jungen Riesensummen für eine Rentenversicherung abverlangt, von der sie später nichts mehr haben werden, weil ihr Kollaps unvermeidlich ist. Das Soziale an der sozialen Marktwirtschaft, diese vermeintliche Errungenschaft, der Fortschritt über die Wolfsgesellschaft des reinen Kapitalismus hinaus, stellt sich ihnen in erster Linie in Gestalt milliardenschwerer Subventionen und Vorruhestandsbeihilfen für sterbende Industriebranchen wie den Steinkohlebergbau dar – Wohltaten, von denen die Jungen nicht profitieren, für die sie aber aufkommen müssen. Die Staatsverschuldung, das konkreteste Ergebnis bundesdeutscher Sozialstaatlichkeit, ist in ihren Augen, und das sehen sie ganz richtig, eine Hypothek auf ihr Leben.

Eine Gruppe von Unter-Dreißigjährigen bei den Grünen hat vor einiger Zeit ihren Protest gegen den herkömmlichen Wohlfahrtsetatismus und die Illusion von der öffentlich zu betreibenden Wiederherstellung der Vollbeschäftigungsgesellschaft in dem Diskussionspapier ›Start in den Staat des 21. Jahrhunderts‹ zu Protokoll gegeben. Selbständige Existenzgründungen, mehr Teilzeitarbeit, »gemischte Erwerbsbiographien« mit lebenslangem Lernen, Berufswechsel und Pendeln zwischen unterschiedlichen Beschäftigungsformen sollen gefördert werden. Das wollen die Liberalen auch: Die Zeiten der Vollbeschäftigung sind vorbei, Arbeitsmarkt und Lebensmodelle müssen beweglicher werden. Interessant ist nun, daß die jungen Grünen für die wirtschaftlich gebotene Abkehr von der Vollzeiterwerbstätigkeit auch ein gesellschaftspolitisches Argument ins Feld führen: Die traditionelle Arbeitsgesellschaft war für die Männer gemacht, auf den Alleinverdiener als Ernährer seiner Familie zugeschnitten – die neue Flexibilität würde die gleichmäßige Aufteilung von Berufs- und Haushaltsarbeit auf beide Partner erleichtern und so die Emanzipation der Frauen vorantreiben. Das ist eine verführerische Formel für den Kompromiß zwischen »linker« und »rechter« Liberalisierung, zwischen ökonomischem und gesellschaftlichem Fortschritt: Der Markt ist gar nicht so schlimm, er hilft immerhin bei der Zerstörung des Patriarchats. Billige Dienstleistungsjobs etwa, wie sie von der Wirtschaft zur Senkung der Arbeitslosenzahlen favorisiert werden, mögen auf den ersten Blick nicht gerade nach sozialem Fortschritt aussehen. Aber wenn auf diese Weise Familientätigkeiten, Erziehungs- und Pflegearbeiten, die früher an den Frauen hängengeblieben sind, auf den Markt verlagert werden und so die vielgeschmähte »traditionelle Hausfrauenrolle« weiter zurückgedrängt wird, dann sieht die Sache doch ganz anders aus. Die Kommerzialisierung wird feminismuskompatibel, sie bekommt einen lila Anstrich.

Die Abwendung vom herkömmlichen, tankerhaften, sozialdemokratischen Wohlfahrtsstaat, die sich bei den Grünen anbahnt, wäre anrüchig, würde man sie nur mit der Zahlungsunlust einer übervorteilten jüngeren Generation, mit individualistischem Überdruß an Kollektivsystemen oder schlicht mit dem Desinteresse von Leuten begründen, die ganz gut auf eigene Faust zurechtkommen. Das klänge zu sehr nach Egoismus und Ellbogengesellschaft; so darf man in der FDP reden, nicht bei den Grünen. Aber kann man sich die Angelegenheit nicht auch ganz anders zurechtlegen? Ist nicht der Sozialstaat, die Kehrseite der wie in Beton gegossenen Industriegesellschaft, etwas zutiefst Konservatives? Mit seiner Vater-Staat-Fürsorglichkeit, seinen »Normerwerbsbiographien«, »Eckrentnern« und wie die traditionsverhafteten Stereotypen alle heißen? Ist nicht die Sozialversicherung das Werk des Blut-und-Eisen-Kanzlers Bismarck, das umlagefinanzierte Rentensystem samt Generationenvertrag eine Erfindung des restaurativen Spießers Adenauer, die ganze deutsche Obsession mit Integration, Konsens und Gemeinwohl nur allzu deutlich verwandt mit der nationalsozialistischen Volksgemeinschaft? Der Essayist Richard Herzinger, der mit der Streitschrift ›Die Tyrannei des Gemeinsinns. Ein Bekenntnis zur egoistischen Gesellschaft‹ das Manifest eines mit dem Markt restlos ausgesöhnten Individualismus vorgelegt hat, macht sich auf diese Weise beim Abschied von der Solidarität ein gutes Gewissen: Es geht gegen ein sozialdemokratisches Sozialstaatskonzept, »das sich historisch-strukturell durchaus mit dem paternalistischen Volksgemeinschaftsdenken des ›deutschen Sonderwegs‹ berührt, wie er von der Bismarckschen Sozialgesetzgebung über korporative ›Sozialstaats‹-Konzeptionen des Kaiserreiches und der Weimarer Republik und – horribile dictu – auch des Dritten Reichs« bis in die Gegenwart reicht. Na bitte: Jede Rentenkürzung ein Akt des Widerstands gegen Hitler! Höhere Weihen für den Sozialabbau sind in der Geisteswelt der deutschen Linken nicht zu vergeben.

Aber auch vom Erbe des anderen Totalitarismus kann man sich befreien, indem man den Henkels und Westerwelles zuprostet. Denn wer sich von der klobigen Schwersolidarität der Institutionen, Apparate und Bürokratien distanziert – beweist der nicht damit am allerbesten, daß er aus dem Desaster des Sozialismus gelernt hat, der doch der Inbegriff bevormundender Versorgung war? Die Verwechslungsangst mit dem welthistorisch blamierten Kommunismus ist eines der stärksten, wenn auch selten ausgesprochenen Motive für die neue Sozialstaatsskepsis und Marktsympathie der Linken. Der Mechanismus funktioniert ähnlich wie in der Außenpolitik, wo Nato-Mitgliedschaft und Teilnahme an »friedenschaffenden« Bündniseinsätzen mit Hilfe der linken Herzensangelegenheit Antifaschismus akzeptabel gemacht werden. Muß nicht, so lautet dort das Argument, den »ethnischen Säuberungen« in Bosnien und im Kosovo in den Arm fallen, wer den Kampf gegen Hitler für eine moralische Pflicht hält? Ist nicht der Nato-feindliche Pazifismus eine Rückkehr auf den berüchtigten deutschen Sonderweg, eine Verweigerung der freiheitssichernden Westbindung? So wird auch die von Haus aus wenig geliebte Marktwirtschaft durch die Rückkoppelung an das eigene emanzipatorische Selbstverständnis anschlußfähig. Die wohlfahrtsselige Staatsgläubigkeit gilt nun ebenfalls als deutscher Sonderweg, als peinlicher Sozialismusrest; und da der Sozialismus im Osten saß, zumal im Osten des eigenen Landes, der den Linkslibertären besonders fremd ist, stimmt sogar die politisch-ideologische Geographie: Erst der Friedensschluß mit dem Kapitalismus vollendet die Westbindung.

Wir haben davon gesprochen, daß die einstmals linke Rhetorik von Reform und Veränderung, von Freiheit und Fortschritt nach rechts gewandert sei, daß die Bourgeoisie, weit entfernt davon, auf dem Schutthaufen der Geschichte zu landen, die Zukunftsfähigkeit für sich gepachtet habe, während Gewerkschaften und Sozialpolitiker als rückwärtsgewandte Besitzstandswahrer dastehen. Diese neue Lage bleibt, wie sich nun zeigt, nicht ohne Einfluß auf die Seelenverfassung der Linken selbst. Sie läßt sich von der Rhetorik der Freiheit unter Druck setzen oder, anders gesagt: sie nimmt das darin versteckte Angebot an, auf den fahrenden Zug aufzuspringen und mit zu den Siegern der Geschichte zu gehören. Ein Kapitalismus, der nicht mehr von feisten Besitzbürgern mit Zigarre und Doppelmoral verkörpert wird, nicht mehr von ehemaligen Nazis wie dem verhaßten Arbeitgeberfunktionär Hanns Martin Schleyer, ein Kapitalismus, der statt dessen die verkrustete Gesellschaft so richtig aufmischt, der die spießige Kleinfamilie wegflexibilisiert, den verdammten deutschen Nationalstaat im Weltmarkt zum Verschwinden bringt und Politikern wie dem Ex-Innenminister Kanther ihre völkischen Spielsachen um die Ohren haut – ein solcher, revolutionärer Kapitalismus muß das linke Herz höher schlagen lassen.

Man muß sich nur von den festsitzenden Schablonen der Alltagspolitik freimachen, um eine erstaunliche Übereinstimmung zwischen vielen Ideen der Linken und den Notwendigkeiten einer freien, weltweit operierenden Wirtschaft zu bemerken. Eine Welt ohne Grenzen, wie die Globalisierung sie nun ganz pragmatisch erzwingt, ist immer der Wunsch fortschrittlicher Internationalisten gewesen. Pazifismus, Gewaltfreiheit – das wollen auch die Anwälte des Marktes, der auf friedlichen Handelsbeziehungen beruht und nicht durch staatlichen Machtgebrauch, schon gar nicht durch Krieg gestört werden will. Und selbst der Protest der Wirtschaft gegen die »Schnüffelei« der Behörden, mag er sich auch bloß gegen die Steuerfahndung richten – er muß den eingeschworenen Feinden des »Überwachungsstaats«, den einstigen Demonstranten gegen Verfassungsschutz und Berufsverbote, von Grund auf sympathisch sein. Zumal viele von ihnen inzwischen selbst gut verdienen und das Finanzamt mehr zu fürchten haben als die politische Polizei. Nicht nur von der bürgerlichen Seite her, wo man nationales Identitätsgetue als wirtschaftlich schädlich wahrzunehmen beginnt, sondern auch von links her, wo die Steuerlast längst ebenfalls als drückend empfunden wird, wächst zusammen, was vielleicht doch zusammengehört: eine gemeinsame Staatskritik. Das Angebot des Marktes an die Linke steht: Erkennt im real existierenden Kapitalismus die Verwirklichung eurer schönsten Träume, in der Individualisierung und Flexibilisierung die Emanzipation des Subjekts, in der Modernisierung den gesellschaftlichen Fortschritt! Ihr müßt nichts weiter tun, als euch bedingungslos zur Freiheit zu bekennen – und die Gerechtigkeit zu vergessen. Ein unwiderstehliches Angebot; die Linke hat dabei nicht mehr zu verlieren als ihre Seele.

6 | Gleichmacherei durch Individualisierung

Zu den verlogensten Ritualen der deutschen Öffentlichkeit gehört die Klage über die Altachtundsechziger. Was sollen sie nicht alles verbrochen haben: Den Terrorismus und den Verlust der Sekundärtugenden, die Technikfeindlichkeit und die antiautoritäre Verwahrlosung. Und andererseits: Wie schlaff sind sie doch geworden, wie unpolitisch und privatistisch, wie hörig der einst von ihnen bekämpften Konsumgesellschaft. Hohn und Spott über die Achtundsechziger ziehen immer – bei den Älteren, für die die Revolte ein Schock war, wie bei den Jüngeren, die die gealterten Revolutionäre lächerlich finden. Und auch bei vielen Achtundsechzigern selbst, die von der politischen Erfolglosigkeit ihrer Rebellion und vom Erfolg ihrer persönlichen Karrieren gleichermaßen verunsichert und peinlich berührt sind. Auch das junggrüne Papier über den ›Start in den Staat des 21. Jahrhunderts‹, das eigentlich eher dem traditionssozialistischen Linkssein eine Absage erteilt, operierte mit der medienwirksamen Achtundsechzigerschelte; und der Achtundsechziger Cohn-Bendit hat zwar den Vorwurf mangelnden Machtwillens zurückgewiesen (»wenn es in der Partei ein Symbol für den Willen zur Macht gibt, dann ist das der 68er Joschka Fischer«), aber mit charakteristischer postrevolutionärer Selbstkritik den Angriffen doch auch wieder recht gegeben: »Die Unterzeichner sind rationaler, als wir es waren, das hat den Vorteil, daß ein Überschuß an Wahnsinn fehlt. Wir waren zum Teil wahnsinnig, das war auch nicht das Gelbe vom Ei.«

Verlogen ist die Kritik an den Achtundsechzigern, weil die gesamte Gesellschaft überhaupt nur noch aus Achtundsechzigern, aus Erben und Profiteuren der Ereignisse von damals besteht. Der Spott über das Personal der Revolte steht in einem grotesken Widerspruch zu dem historischen Ansehen, das die Revolte selbst als eine Art zweites Gründungsdatum der Bundesrepublik genießt. Niemand will die »Errungenschaften« von 1968 aufgeben, als Westdeutschland angeblich zum ersten Mal zivilisiert, liberalisiert und demokratisiert wurde, als die Altnazis und der Obrigkeitsstaat weichen mußten und die Moderne anbrach. Daß damals die Gegenwart begann, während die Adenauer-Jahre noch zur Vorzeit, zu einer fernen bürgerlichen Vergangenheit gehören, die letztlich doch nicht zu »restaurieren« war – das ist mittlerweile ein Gemeinplatz. Vor einigen Jahren, als Heiner Geißler noch Generalsekretär der CDU war, nahm eine erstaunte Öffentlichkeit das Phänomen von Achtundsechzigern im Konrad-Adenauer-Haus zur Kenntnis, die während der Studentenproteste in die Union eingetreten waren, aber die Gesamtbilanz der Veränderungen doch für positiv hielten. Sie mögen, wie der damalige Planungschef Wulf Schönbohm, inzwischen aus der Parteizentrale verschwunden sein. Aber daß ihre Nachfolger, die sich gewiß nicht als Achtundsechziger bezeichnen würden, deswegen das Rad der Geschichte zurückdrehen und die Adenauer-Zeit wieder lebendig machen wollten, wird niemand ernsthaft glauben. Die Folgen von 1968 sind selbstverständlich geworden.

Man sieht das auch daran, daß alle Versuche vergeblich waren, die Achtundsechziger irgendwie »abzulösen«, sie durch eine neue Schlüsselgeneration zu ersetzen. So gab es nach der Wiedervereinigung einiges selbstanpreisende Gerede einer Altersgruppe von »Neunundachtzigern«, die, vom Befreiungserlebnis der friedlichen Revolution geprägt, dem deutschen Nationalstaat ohne die ideologischen Scheuklappen ihrer linken Eltern begegneten. Man kann sich kaum noch daran erinnern. Was es mit den Neunundachtzigern in Wahrheit auf sich hat, plaudert in schöner Unbefangenheit das Erfolgsbuch ›Die Tugend der Orientierungslosigkeit‹ aus, in dem Johannes Goebel und Christoph Clermont, zwei junge »Trendforscher«, die in Berlin eine »Werteagentur« betreiben, das Existenzgefühl und den Lebensstil der Unter-Dreißigjährigen beschreiben und propagieren. Das Bild des »Lebensästheten«, das sie als Idealtypus ihrer Generation zeichnen, hat wenig mit dem neudeutschen Neunundachtziger zu tun, der angeblich des langweiligen Antiautoritarismus der Altrevoluzzer überdrüssig ist und sich nach mehr Verantwortlichkeit sehnt. Zwar sind auch Goebel und Clermont genervt von den Achtundsechzigern. Aber gerade nicht von ihrem lauen Individualismus, sondern von ihrer selbstquälerischen Bekehrung zum Gemeinsinn, davon, daß sie ihre eigenen Freiheiten ihren Kindern nicht mehr gönnen wollen, daß sie Angst vor der eigenen Courage bekommen haben: »Der Diskurs um den Werteverfall wird mehr und mehr zur Bühne der Befindlichkeiten seiner Teilnehmer. Denn orientierungslos sind mitnichten die jungen Milden, deren Heimat die Dienstleistungsgesellschaft ist und die souverän durch den Datenmüll der Informationsfluten waten. Nicht ihnen bereitet der Virus der Unübersichtlichkeit schlaflose Nächte, sondern Funktionären, Lehrmeistern und Werbern. Und nicht zuletzt ist es die Generation der 68er, die sich in den Feuilletons der Republik redlich um Erklärungen für das Treiben ihrer mißratenen Kinder müht; Erklärungen für die mit herkömmlichen Instrumenten, Milieutheorien und Wähleranalysen nicht erfaßbaren Gegensätze dieser Generation.«

Daß ihre eigene Lebensästhetik, das mobile und provisorische Singledasein in den Großstädten der neunziger

Jahre, das wirkliche Neunundachtzigertum also, durchaus kein Bruch mit 1968 ist, sondern seine logische Fortsetzung, wissen Goebel und Clermont genau: »Die Geburtsstunde des Lebensästheten war in Deutschland zweifellos das Aufbegehren der 68er. Die Folge dieser ästhetischen Revolution war eine deutliche Liberalisierung der bundesdeutschen Gesellschaft. Auf der Strecke blieb dabei die Normalbiographie der Wirtschaftswunderzeit. Mit den gesellschaftlichen Umbrüchen der sechziger und siebziger Jahre ging die stetige Erosion der bürgerlichen Kleinfamilie und des Angestelltendaseins einher. Der Individualisierungsschub der achtziger Jahre brachte diese Auflösungserscheinungen ans Licht der Öffentlichkeit. Die Umbrüche von Achtundsechzig hinterließen ein Vakuum von Normen und Werten, in dem die ersten Experimente mit der eigenen Geschichte stattfanden.« Selten haben junge Leute so großzügig die Vorarbeit ihrer Eltern anerkannt, selten haben sie so vorbehaltlos ihr Erbe angetreten.

Diese Unumstrittenheit der Errungenschaften des Protests macht alle Versuche, Generationengegensätze zu den Achtundsechzigern zu konstruieren, so fruchtlos. Der Publizist Reinhard Mohr hat vor einigen Jahren die »Achtundsiebziger« aus der Taufe gehoben, »die Generation, die nach der Revolte kam«. Sieht man näher hin, was diese Achtundsiebziger ausmachen soll, so findet man wieder nur Individualismus und fallweises Engagement, Ironie, Westbindung und Prosecco – lauter Dinge, bei denen die Achtundsechziger inzwischen auch angelangt sind und wo die Goebel-Clermontschen Neunundachtziger jetzt weitermachen. Es gibt seit dem Triumph von 1968 einen merkwürdig uniformen Pluralismus, eine Einheitspartei der Nonkonformisten, die unangefochten das Feld beherrscht. Ulrich Beck, der Starsoziologe der Bundesrepublik, verkörpert diesen Grundkonsens am allerbesten: 1944 geboren, vom Lebensalter her also durchaus Achtundsechziger, ist er der führende Lobredner der Individualisierung geworden, jener Freisetzung des einzelnen aus überkommenen Bindungen, die ihm neue Spielräume der Selbstverwirklichung und sogar des formlosen politischen Engagements verschaffe. Beck hat dafür den Begriff der »Zweiten Moderne« geprägt. Die Industriegesellschaft war noch nicht wirklich modern; mit ihren festgelegten Geschlechterrollen und den wie auf Schienen laufenden Erwerbsbiographien war sie in Wahrheit sogar ziemlich konservativ. Erst heute, wo sich auch diese Strukturen auflösen, wo sich die ganze Gesellschaft gleichsam verflüssigt, vollendet sich laut Beck die Moderne. Davon wird noch zu reden sein. Becks fröhliche Wissenschaft ist jedenfalls das Credo, auf das Achtundsechziger, Achtundsiebziger und Neunundachtziger gleichermaßen schwören. Goebel und Clermont danken ihm im Vorwort ihres Buches denn auch »für sein ermutigendes Interesse« an ihrer Arbeit.

Daß 1968 ein voller Erfolg war, wird leicht übersehen, weil ein Umsturz der Macht- und Eigentumsverhältnisse ausgeblieben ist. Als politisch-ökonomische Revolution, die sie nach dem (neo-)marxistischen Selbstverständnis vieler ihrer Akteure hätte sein sollen, ist die Revolte in der Tat gescheitert. Aber dieses Selbstverständnis war ein Selbstmißverständnis. In Wahrheit hatte die Protestbewegung mit dem Kommunismus wenig zu schaffen, sondern blieb im kapitalistischen Rahmen – ja, man kann sagen, daß sie dem modernen Kapitalismus erst richtig freie Bahn machte, indem sie die sperrigen Traditionsreste der vorkapitalistischen guten alten Zeit abräumte. Sebastian Haffner hat den liberal-bürgerlichen Charakter der Revolte Ende der sechziger, Anfang der siebziger Jahre scharfsichtig erkannt: »Fast alle jungen Linken von heute empfinden sich als Sozialisten. Es fällt aber auf, daß ihr Sozialismus fast vollständig im Verbalen steckenbleibt, daß ihre Taten, im Gegensatz zu ihren Worten und Gefühlen, fast durchweg immer noch die Taten bürgerlicher Revolutionäre sind. Die wirklichen revolutionären Veränderungen, die in den letzten Jahren bewirkt worden sind, sind die Kommunen und Großfamilien, die Kinderläden, die freien Ehen; wenn man fragt, wo es heute revolutionierte Institutionen gibt, dann heißt die Antwort: Schulen und Hochschulen. Das alles hat aber mit Sozialismus nichts zu tun. Alles sind noch Fortsetzungen der bürgerlichen Revolution. Es ist die bürgerliche, also die individualistisch-emanzipatorische Revolution, die mit diesen Taten gerade jetzt auf neue Gebiete übergreift – von Kirche und Staat (wo sie auch noch nicht zu Ende ist) auf Sitte und Familie.«

Weniger freundlich, mit dem bösen Blick des marxistisch geschulten Gesellschaftstheoretikers, hat es im Rückblick der Sozialphilosoph Panajotis Kondylis in seinem Buch ›Der Niedergang der bürgerlichen Denk- und Lebensform‹ beschrieben, der in der angeblich systemkritischen Achtundsechziger-Revolte ein durchaus systemtypisches Zusammenspiel von Antiautoritarismus und Kommerz ausmacht: »Indem die Kulturrevolution in der selbstgefälligen Gestalt des Bürgerschrecks auftrat, erweckte sie bei vielen den Eindruck, sie könnte den Sturz des ›Systems‹ herbeiführen. In Wirklichkeit war sie keine Revolution, sondern eine Anpassungsbewegung auf dem Weg zur reifen Massendemokratie. Ihr zentrales Begehren, die Selbstverwirklichung hier und jetzt zu erreichen oder zu erleben, entsprach strukturell einem wesentlichen Merkmal der massenhaft konsumierenden und hedonistisch ausgerichteten Massendemokratie, daß nämlich hier und jetzt konsumiert werden kann und soll. Nimmt man darüber hinaus ihre einzelnen Forderungen unter die Lupe und übersetzt sie in die objektive Sprache der konkreten Anwendung unter den gegebenen Umständen, so muß man feststellen, daß sie allesamt der inneren Logik der massenhaft konsumierenden Massendemokratie unterworfen waren. So hat z. B. die sogenannte sexuelle Revolution, von der Legitimierung der Perversion bis zur Abtreibungsfreiheit, der weiteren Zersetzung der Familie und somit der weiteren Atomisierung der Gesellschaft und der Intensivierung der sozialen Mobilität gedient. Der Zusammenhang der Forderungen der Kulturrevolution mit der Funktionsweise der massenhaft konsumierenden Massendemokratie ist aber auch ein direkter, und er wird offenbar, wenn man bedenkt, was denn alles die Selbstverwirklichung an Konsum impliziert, von Motorrädern und Reisen bis zu Stereoanlagen und Musikinstrumenten – von der billigen praktischen Kleidung zu schweigen, die die bürgerliche Förmlichkeit der äußeren Erscheinung erledigen soll. Dabei bemächtigte sich die Industrie der ideellen kulturrevolutionären Bedürfnisse ebensosehr wie der materiellen. Es ist kein Zufall, daß Gewalt und Sex zu einer Zeit, in der sie ihre kulturrevolutionäre Ideologisierung oder Sublimierung erlebten, wie noch nie zuvor die Leinwand beherrschten. Diese Auffangfähigkeit des ›Systems‹ zeigt, daß die Kulturrevolution als Gesamterscheinung gesehen im Grunde nur eine fällige Wandlung im Überbau bewirkt hat, d. h. sie hat bloß das beseitigt, was das ›System‹ nicht mehr benötigte oder gar ausstoßen mußte.«

Kondylis bemerkt noch, daß auch der Protest gegen altmodische Abhängigkeits- und Gehorsamsverhältnisse am Ende nur zur wirtschaftlichen Leistungssteigerung gedient habe – das waren »Korrekturen, die manches Überholte an hierarchischen und ›autoritären‹ Strukturen beseitigten und somit das Ganze funktionsfähiger machten«. In seiner Skizze der Popularisierung kulturrevolutionärer Errungenschaften kann man unschwer jenes bundesdeutsche Einheitsmilieu erkennen, das Achtundsechziger, Achtundsiebziger und Neunundachtziger gleichermaßen umfaßt: »Aus der wilden kulturrevolutionären Verachtung der guten Manieren wurde das spontane Duzen, der offene Ton, das freie Vokabular, das Küssen und die Umarmung als Begrüßungsformen, aus der kulturrevolutionären ostentativen Vernachlässigung der Kleidung wurde die modische Vorliebe für den offenen Kragen und das Räuberzivil, aus den kulturrevolutionären Orgien wurde die wachsende Selbstverständlichkeit des Ehebruchs, der getrennte Urlaub oder der Partnertausch. Solche Verhaltensweisen bildeten gleichsam eine Domestizierung der Kulturrevolution vor allem für den Gebrauch einer mittleren Schicht, die über gesteigerte Konsummöglichkeiten verfügt und sich ansonsten bemüht, Nonchalance mit Schick zu verbinden, durch genauere Kenntnis der Weinmarken Verfeinerung an den Tag zu legen, auf exotischen Reisen das ›Abenteuer‹ durch die Vermittlung von Agenturen zu erleben oder auf gesicherter Existenzbasis ökologisches Bewußtsein zu entwickeln.« Das ist freilich eine ungewohnt unrühmliche Version jener Erfolgsgeschichte, die sonst unisono als »Zivilisierung« der Nachkriegsgesellschaft gepriesen wird.

Von hier aus sieht man den eigentlichen Grund für das neue gute Einvernehmen zwischen der 1968 geprägten bundesdeutschen Durchschnittslinken und dem ökonomischen Establishment, zwischen Emanzipationsaposteln und Marktgläubigen. Denn Kirche, Staat, Sitte und Familie sind eben nicht nur der freien Liebe im Weg, sondern auch der freien Wirtschaft. Wer mobile Arbeitskräfte haben will, dem kann die Zerschlagung der Familienstrukturen nur recht sein; Wochenendeheleute, Singles und Geschiedene, auf die zu Hause niemand wartet, bilden das ideale, stets verfügbare Personal eines rund um die Uhr und rund um die Welt aktiven Unternehmens. Kinderlose Doppelverdiener sind attraktivere, ansprechbarere Nachfrager als Familien, die in ihren Ausgaben weitgehend festgelegt sind. Wer das Reservoir der gesamten Bevölkerung für Produktion und Konsum ausschöpfen möchte, dem wird die traditionelle »Hausfrauenehe« samt Mutterrolle nicht passen; flächendeckende Frauenerwerbstätigkeit ist dagegen ein erfreulicher Wachstumsfaktor. Kinder, die zu Hause von ihren Eltern mit Märchenerzählen und Spielen unter Geschwistern beschäftigt werden, fallen als Verbraucher so ziemlich aus; für die Wirtschaft ist es viel besser, wenn sie vor reklamedurchsetzten Fernsehprogrammen sitzen und früh Konsumbedürfnisse entwickeln. Die Wehrpflicht ist nicht nur den jungen Männern bei der Selbstverwirklichung hinderlich; sie belastet auch die Unternehmen, die ihre Auszubildenden und Arbeitskräfte kostenlos, also mit Zinsverlust, an den Staat ausleihen müssen: Hier wird Humankapital aus dem Verkehr gezogen und stillgelegt. Kirchen, die auf der Sonntagsruhe bestehen, und Gläubige, die ihr Recht auf Gottesdienstbesuch geltend machen, verhindern die Flexibilisierung der Arbeitszeiten und die kontinuierliche Auslastung der Maschinenparks auch am Wochenende. Und so weiter und so fort: Die ganze herkömmliche Gesellschaft mit ihren festgelegten Rollen, Verpflichtungen und überlieferten Lebensformen, mit ihren gewachsenen Institutionen und eingespielten Bräuchen ist ein einziger Standortnachteil. Aus ökonomischer Sicht muß das alles weg. Und man weiß nicht, ob es ein tragisches Mißverständnis oder bloß banaler Opportunismus ist, wenn eine Linke, die doch einmal kritisch sein wollte, kritisch gerade gegenüber dem Kapitalismus, nun sagt: Ja, das finden wir auch.

Hier ist denn auch die tiefere Quelle des staatsfeindlichen Affekts zu suchen, der allenthalben und auf beiden Seiten des politischen Spektrums zu finden ist. Der Staat, auch der liberale Verfassungsstaat, wie er sich im Grundgesetz präsentiert, ist der Gegenspieler jener totalen Liberalisierung, jener unersättlichen Flexibilisierung, Mobilisierung und Atomisierung, auf die wirtschaftliches Interesse und gesellschaftlicher Fortschrittsglaube gleichermaßen hindrängen. Er stellt Ehe und Familie unter seinen »besonderen Schutz« (Art. 6 Abs. 1 GG) und macht den Bürgern durch unerbittliche Unterhaltspflichten die Scheidung schwer. Er zieht junge Männer zum Wehrdienst ein (Art. 12 a GG) – nur die Männer, womit er nicht nur der einen Hälfte der Bevölkerung den Tort der Zwangsverpflichtung antut, sondern auch noch der anderen die volle Gleichberechtigung vorenthält. Der Staat organisiert den öffentlichen Dienst nach den »hergebrachten Grundsätzen des Berufsbeamtentums« (Art. 33 Abs. 5 GG) und unterhält so mitten in einem modernen Arbeitsmarkt das fossile Unding einer Kaste, die nicht streiken darf und keine Beiträge für ihre Altersversorgung leisten muß, dafür aber Anspruch auf lebenslange Alimentation hat, auf, wie es in unübertrefflicher Antiquiertheit heißt, standesgemäßen Unterhalt. Der Staat bestimmt, daß der Religionsunterricht »ordentliches Lehrfach« (Art. 7 Abs. 3 GG) an den Schulen zu sein hat, auch wenn fast niemand mehr an die Lehren der Kirche glaubt. Er legt mit tausenderlei Vorschriften fest, wer in welchem Gewerbe unter welchen Bedingungen tätig sein und mit welcher Berufsbezeichnung er sich schmücken darf und hält so ein nachmittelalterliches Zunftwesen am Leben, statt dies alles dem Urteil der Kunden zu überlassen, die auf dem Markt der Anbieter schon die Spreu vom Weizen zu trennen wissen würden. Der Staat schreibt, auch nach der Lockerung des Ladenschlußgesetzes, der Bevölkerung vor, wann mit dem Einkaufen Schluß zu sein hat – als wolle er sich darum kümmern, daß dann daheim alle ihr bürgerliches Familienleben pflegen, die Verkäuferinnen wie die Flaneure, was ihn doch gar nichts angeht. Und wenn es ums Allerintimste geht, um den Schwangerschaftsabbruch oder den Todeswunsch eines unheilbar Kranken, dann ist der Staat als Hüter einer obsoleten christlichen Moral mit Gesetzen zum Lebensschutz zur Stelle und verweigert dem aufgeklärten, mündigen einzelnen die Selbstbestimmung.

Die Staatskritiker, die neuen Staatsfeinde glauben, daß alles viel bunter, lebendiger und freier wäre, wenn man diese altmodischen Bevormundungen erst einmal abgeschafft hätte. Aber das ist ein fataler Irrtum. Die von Wirtschaft und Gesellschaft vorangetriebene Individualisierung hat mit Individualität im eigentlichen Sinne, mit Vielfalt, Reichtum an Unterschieden und differenzierter Gliederung, überhaupt nichts zu tun. Sie schafft im Gegenteil, bei aller Beweglichkeit im Detail, insgesamt eine ungeheure Monotonie und Alternativlosigkeit, eine tödliche Langeweile. Wie sähe die Welt denn aus, wenn Arbeits- und Einkaufszeiten vollkommen liberalisiert wären, wenn jeder sonntags schuften und unter der Woche faulenzen, zu Hause arbeiten und seine Kinder in die Firma mitbringen könnte, wenn das Dasein ein einziges Kontinuum von beliebig verschiebbaren Aktivitäts- und Pausenphasen wäre, nicht mehr, wie Goethe über den bürgerlichen Lebensrhythmus dichtete, »tages Arbeit, abends Gäste, / saure Wochen, frohe Feste«? Es wäre ein ziemlich öder Brei, in dem immer alles zugleich getan und gelassen würde, die berühmte Stadt, die niemals schläft, die daher aber auch nie wirklich wach ist, ein perfekter Rund-um-die-Uhr-Betrieb, in den sich bald der eine, bald der andere einklinkt, der aber selbst ohne Unterbrechung von Ewigkeit zu Ewigkeit fortschnurrt. Dieses Leben wäre absolut leblos; es wäre wie ein Bild, bei dem der Maler alle Farben auf einem Fleck zusammenrührt, damit es schön bunt wird, statt sie nebeneinander auf die Leinwand zu bringen – es käme nur ein schmutziges Grau heraus. Daß man inzwischen sonntags frische Brötchen bekommt, nicht bloß an der Tankstelle, sondern auch beim Bäcker, ist zwar ganz nett, aber doch mindestens ebensosehr eine Verarmung wie eine Bereicherung: nämlich ein Schritt hin zu einer Woche, in der alle sieben Tage gleich sind. Daß mit der Öffnung der Bundeswehr für Soldatinnen etwas verlorengehen würde, daß sogar mit der Öffnung aller zivilen Berufe für Frauen schon etwas verlorengegangen ist, auch in einem praktischen Sinne (denn es konnte nicht ausbleiben, daß am Ende auch die speziellen Schutzvorschriften für Arbeitnehmerinnen gelockert wurden, und ob man ein derart gleichgeschaltetes Geschlecht noch lange zuerst in die Rettungsboote lassen wird, ist höchst zweifelhaft) – das alles bereitet einer großen Koalition von Emanzipatoren und Deregulierern offenbar keine Sorgen. Das Besondere, Einmalige, Unverwechselbare wird abgeschafft. Die durch und durch individualisierte Gesellschaft bezahlt die Fülle der Optionen im einzelnen mit gesichtsloser Eintönigkeit im ganzen: Sie ist ein Ameisenstaat, in dem jede Ameise ihren eigenen Terminkalender führt.

So gibt es denn auch nichts Genormteres, Vorgestanzteres und Angepaßteres als jene postkonventionelle, traditionsbefreite Identität, die Ulrich Beck und die übrigen Modernisierungspropheten für das Endziel der Erziehung des Menschengeschlechts halten. Lauter vermeintliche Einzelgänger, die einen vorgeschriebenen Individualisierungsparcours von Scheidung und Fernreisen, spontanem »Shell«-Boykott und gelegentlicher Mitarbeit im Kinderladen, Gewerkschaftsaustritt und Essen beim Vietnamesen zu absolvieren haben, bis sie einander endgültig gleichen wie ein Ei dem anderen. »Bastelbiographien«, wie es so schön experimentell heißt, aber zusammengebaut aus Fertigteilen, aus Versatzstücken aus dem Supermarkt der Moderne. Etwas Trostloseres und, dies vor allem, Unfreieres als diese Art Freiheit ist schwer vorstellbar.

Denn am Ende bedeutet sie nichts als die Auslieferung des Menschen an Markt und Gesellschaft, die Unterwerfung unter einen anonymen Mechanismus um scheinbarer Selbstverwirklichung willen. Botho Strauß hat Anfang der achtziger Jahre in ›Paare, Passanten‹ beobachtet, daß »wir voneinander immer unabhängiger, vom Ganzen aber immer abhängiger werden«. Es kann ja gar keine Frage sein, wie die Kraftprobe zwischen dem isolierten einzelnen und dem massiven Leistungs- und Erfolgsdruck durch den ökonomischen Apparat ausgehen wird, der ihn unablässig für Produktion und Konsum, für Arbeit und verbrauchsintensive Freizeit zur Verfügung haben möchte. Die individualisierten Lebenskünstler à la Beck sind in Wahrheit bloß jene frei flottierenden, zum Spielball der Wirtschaft gewordenen Sozialatome, die Marx an einer berühmten Stelle des ›Kommunistischen Manifests‹ beschreibt: »Die Bourgeoisie, wo sie zur Herrschaft gekommen, hat alle feudalen, patriarchalischen, idyllischen Verhältnisse zerstört. Sie hat die buntscheckigen Feudalbande, die den Menschen an seinen natürlichen Vorgesetzten knüpften, unbarmherzig zerrissen und kein anderes Band zwischen Mensch und Mensch übriggelassen, als das nackte Interesse, als die gefühllose ›bare Zahlung‹. Sie hat die persönliche Würde in den Tauschwert aufgelöst und an die Stelle der zahllosen verbrieften und wohlerworbenen Freiheiten die eine gewissenlose Handelsfreiheit gesetzt. Die Bourgeoisie hat alle bisher ehrwürdigen und mit frommer Scheu betrachteten Tätigkeiten ihres Heiligenscheines entkleidet. Sie hat den Arzt, den Juristen, den Pfaffen, den Poeten, den Mann der Wissenschaft in ihre bezahlten Lohnarbeiter verwandelt. Die Bourgeoisie hat dem Familienverhältnis seinen rührend-sentimentalen Schleier abgerissen und es auf ein reines Geldverhältnis zurückgeführt. Die fortwährende Umwälzung der Produktion, die ununterbrochene Erschütterung aller gesellschaftlichen Zustände, die ewige Unsicherheit und Bewegung zeichnet die Bourgeoisepoche vor allen anderen aus. Alle festen, eingerosteten Verhältnisse mit ihrem Gefolge von altehrwürdigen Vorstellungen und Anschauungen werden aufgelöst, alle neugebildeten veralten, ehe sie verknöchern können. Alles Ständische und Stehende verdampft, alles Heilige wird entweiht, und die

Menschen sind endlich gezwungen, ihre gegenseitigen Beziehungen mit nüchternen Augen anzusehen.«

Daß Hans-Olaf Henkel und Guido Westerwelle diese gefräßige Dynamik großartig finden, mag man verstehen. Daß sich auch »kritische« Geister wie Ulrich Beck einem solchen Moloch an den Hals werfen, zeigt die konformistische Zahnlosigkeit ihrer ganzen Kritik. Nicht Tradition und Geschichte, nicht das »Ständische und Stehende«, von dem Marx spricht, auch nicht die Schwerfälligkeiten der klassischen Industrie- und Wohlfahrtsgesellschaft sind heute die »herrschenden Verhältnisse«, die man kritisieren muß, sondern im Gegenteil die Ideologie der unaufhörlichen Bewegung und Beschleunigung, die Philosophie des »Alles fließt«. Wer eine Gegenmacht zur totalen Ökonomisierung der Gesellschaft sucht, muß sich dem Staat zuwenden.

7 | Westerwelle, Schröder und die totale Wirtschaft

Politik und Öffentlichkeit in der Bundesrepublik beschäftigen sich fast nur noch mit Wirtschaftsfragen. Die ökonomische Krise, die nach der kurzen Scheinblüte des Vereinigungsbooms sichtbar zum Ausbruch gekommen ist, hat alle anderen Themen verdrängt. Die Arbeitslosigkeit hat ein Ausmaß erreicht, das noch vor wenigen Jahren als Gefahr für Demokratie und inneren Frieden gegolten hätte; und trotz lebhafter Konjunktur wächst sie weiter. Der Staat auf allen seinen Ebenen, Bund, Ländern und Gemeinden, ist hoch verschuldet, bis hin zur völligen Bewegungs- und Handlungsunfähigkeit. Die Steuereinnahmen sind nicht nur gesunken, sondern auf gespenstische Weise unberechenbar geworden; jede Schätzung konfrontiert den Finanzminister mit neuen unvorhergesehenen Ausfällen und Einbrüchen. Je mehr Unternehmen und gutgestellte Privatleute von ihren steuerlichen Ausweichmöglichkeiten Gebrauch machen, desto schwerer drücken die Abgaben auf die angestellten Normalverdiener, die sich weniger leicht entziehen können und die Last der überfrachteten öffentlichen Haushalte zunehmend allein schultern müssen. Die Sozialversicherungen, besonders die Rentenkasse, werden von der Arbeitslosigkeit und von der Flucht in nicht beitragspflichtige Beschäftigungsverhältnisse ausgezehrt; auch hier bleibt, wie bei den Steuern, eine schrumpfende Mitte von Normalerwerbstätigen zurück, die das Wegbrechen an den Rändern mit immer höheren Beiträgen zu kompensieren hat – ein sich selbst verschlimmerndes

Übel, da die Sozialversicherungsbeiträge als Lohnnebenkosten die Arbeit verteuern und so die Arbeitslosigkeit weiter in die Höhe treiben.

Die Unternehmen, die in den vergangenen Jahren ihre Konkurrenzfähigkeit zum Teil beachtlich verbessern konnten, geben ihre Erfolge nicht mehr, wie in den goldenen Zeiten der Bundesrepublik, an die Gesellschaft weiter. Sie müssen, im Wettbewerb um das für moderne Technik benötigte Kapital, die Rendite steigern und so ihre Anteilseigner und Geldgeber reichlicher bedenken als, durch Gehaltserhöhungen oder Neueinstellungen, ihre Belegschaften. Um die Kosten zu senken, wird die Produktion rationalisiert und automatisiert oder ins lohngünstigere Ausland verlagert – beides vernichtet in Deutschland Arbeitsplätze oder verhindert zumindest die Entstehung von neuen. Daß das Wachstum alter, wieder in Form gebrachter Industriebranchen oder auch neuer Spitzentechnologien die Massenarbeitslosigkeit abbauen könnte, ist unwahrscheinlich – schon deshalb, weil sich im Heer der Erwerbslosen gerade jene sammeln, die den zunehmenden Qualifikations- und Belastbarkeitsanforderungen einer modernen Wirtschaft nicht gewachsen sind. Die Hoffnungen richten sich daher auf den Dienstleistungssektor, auf einfache Serviceleistungen oder soziale Arbeit, für die angeblich allenthalben Bedarf vorhanden ist. Um sie zu Marktbedingungen anbieten zu können, müßten die Einkommen aus solcher Arbeit freilich weit unter dem liegen, was wir für sozial erträglich zu halten gewohnt sind – oder man müßte diese Einkommen öffentlich subventionieren, was wieder die Frage nach der Finanzierbarkeit aufwirft.

Ohnehin ist es zweifelhaft, ob in einer Bastler-, Heimwerker- und Selbsthelfergesellschaft wie der deutschen die Dienstleistungsbranche so schnell an Bedeutung gewinnen kann. Eingewurzelte Vorbehalte gegen das Sich-etwas-Abnehmen- und gar Sich-Bedienen-Lassen sind zumindest bei der älteren und mittleren Generation nach wie vor weit verbreitet. »Bofrost« und Pizza-Service haben den Kampf um den häuslichen Mittagstisch noch nicht gewonnen; auch die gestreßte erwerbstätige Mutter kocht vielfach weiterhin selbst. Die vielberufene »Dienstleistungsgesellschaft« setzt einen langwierigeren und gründlicheren Mentalitätswandel voraus, als daß man sich davon kurzfristig starke Effekte für den Arbeitsmarkt versprechen dürfte. Und was die sozialen Tätigkeiten angeht: Ist die Kommerzialisierung aller Sozialbeziehungen durch immer mehr professionelle Erziehungs-, Betreuungs- und Pflegearbeit überhaupt wünschenswert? Will man das familiäre und ehrenamtliche Engagement flächendeckend durch bezahlte, womöglich gering bezahlte Servicetätigkeiten ersetzt haben? Das würde an die Stelle des alten Wohlfahrtsbürokratismus einen neuen Wohlfahrtskommerzialismus setzen. Weder ökonomisch noch gesellschaftlich ist von einem Dienstleistungsboom die Lösung unserer Arbeits- und Wirtschaftskrise zu erwarten.

Je auswegloser die Lage zu sein scheint, desto verzweifelter und verbissener wendet sich die Politik dem Problem zu, vor allem rhetorisch. Sie fixiert sich immer mehr auf die Wirtschaft. Das dritte Wort jeder öffentlichen Äußerung ist mittlerweile »Standort Deutschland«. Wir haben schon gesehen, wie die Bildungsdiskussion inzwischen ganz von ökonomischen Gesichtspunkten beherrscht ist. Aber selbst ein herkömmlicherweise besonders wirtschaftsfernes Metier wie die Außen- und Sicherheitspolitik muß sich auf einmal ungewohnten Kosten-Nutzen-Rechnungen stellen. Die Osterweiterung der Nato und der Europäischen Union wird unter dem Aspekt des Aufwands für den deutschen Steuerzahler mißtrauisch beäugt; mühsam mußten die damaligen Minister Kinkel und Rühe dem Publikum erklären, daß sich die Hilfen für die Beitrittsländer als Investitionen in eine sichere Zukunft rentieren werden. Die regierenden Sozialdemokraten wiederum legen besonderen Wert darauf, daß die Mitteleuropäer trotz EU-Mitgliedschaft nicht in den Genuß der vollen Freizügigkeit kommen, um sie als unerwünschte Billiglohn-Konkurrenz vom deutschen Arbeitsmarkt fernzuhalten. Das sozialpolitische Hemd ist der SPD näher als der schon etwas abgetragene internationalistische Rock.

Die Ökonomisierung der politischen Tagesordnung war auch einer der Hauptgründe für die Schwierigkeiten, denen der frühere Kanzler Helmut Kohl sich gegenübersah. Nicht nur, weil Wirtschaftsfragen, wie überhaupt die Innenpolitik, ihn wenig interessierten und er nach langer Regierungszeit wesentliche Mitverantwortung für die gegenwärtige Krise trug. Auch das historische Lebensziel des Bundeskanzlers, die europäische Einigung, war in den Strudel des neuen Ökonomismus geraten. Daß die Einführung des Euro im Kern ein »politisches Projekt« sei, disqualifizierte in der Meinung seiner Gegner das Vorhaben – vernünftige, also wirtschaftliche Gründe, so wurde suggeriert, gab es für die Einführung der Einheitswährung nicht. »Politisch« ist in diesem Zusammenhang fast schon ein Schimpfwort, das soviel wie »sachfremd« bedeutet. Daß die D-Mark den Europäern, besonders den Franzosen, als Zucker fürs Schlucken der bitteren Wiedervereinigung gereicht worden sei, war in den Augen von Euro-Kritikern wie dem Berliner Zeithistoriker und Publizisten Arnulf Baring kein Beispiel kluger Staatskunst, sondern eine fahrlässige Preisgabe deutscher Identität. Und eine intellektuelle Etage tiefer schürten Gerhard Schröder, damals noch niedersächsischer Ministerpräsident, und sein bayerischer Kollege Edmund Stoiber die nach den Geldentwertungen und Währungsschnitten dieses Jahrhunderts stets mobilisierbare Inflationsangst des deutschen Sparers: Die harte D-Mark dürfe nicht durch einen weichen Euro ersetzt werden.

Daß in Deutschland wirtschaftlichen Fragen ein besonderes politisches Gewicht zukommt, ist nichts Neues. Nicht die gescheiterte bürgerliche Revolution und kaum der politische Erfolg der Arbeiterbewegung haben hierzulande die Massen mit dem Staat versöhnt, sondern Bismarcks Sozialgesetze und eine zwanzigjährige Hochkonjunktur unter Kaiser Wilhelm II., die ihnen eine bescheidene Teilhabe am Wohlstand und ein gewisses Maß an materieller Sicherheit verschafften. Die erste deutsche Demokratie, die Weimarer Republik, ist nicht zuletzt an ihrer wirtschaftspolitischen Unfähigkeit gescheitert, an schlechtem Krisenmanagement und daran, daß sie gegen das Massenelend hilflos war. Die Etablierung der zweiten deutschen Demokratie dagegen, der Bundesrepublik, ging mit dem Wirtschaftswunder einher – und viel spricht dafür, daß die freiheitliche Verfassung in den Augen der Bürger ihre eigentliche Legitimation weniger aus ihrer Freiheitlichkeit gewann als daraus, daß sie als Garantin des Wohlstands galt. Vor diesem Hintergrund ist es verständlich, wenn besorgte Beobachter die Konzentration aufs Ökonomische gerade aus politischen Gründen für notwendig halten: Wer sagt uns denn, fragen sie, daß die Deutschen demokratisch bei der Stange bleiben, wenn es ihnen auf einmal schlechter geht, wenn sie sich einschränken müssen? Wenn Wachstum in Deutschland die Bedingung für politische Freiheit und innere Stabilität ist, dann muß man eben mit allen Mitteln für Wachstum sorgen.

In dieser Überlegung steckt freilich ein Denkfehler. Es war ja nicht das Wirtschaftswachstum allein, daß die Bundesrepublik bei den Deutschen derart populär gemacht hat, sondern wenigstens ebensosehr die relativ gleichmäßige Verteilung seiner Früchte. Nicht einfach Wachstum war das Erfolgsrezept der sozialen Marktwirtschaft, es lautete: Wachstum plus Umverteilung. Eine wirtschaftliche Dynamik, von der nicht mehr alle oder zumindest die allermeisten profitieren, die statt dessen den Abstand von Gewinnern und Verlierern, von reich und arm vergrößert und so die Gesellschaft auseinandertreibt – eine solche Wirtschaftsdynamik hätte gerade nicht die gewünschte Integrations- und Stabilisierungswirkung. Und niemand kann sicher sein, daß das Wachstum heute nicht genau diese unerfreuliche Form annehmen würde – es ist im Gegenteil sogar höchst wahrscheinlich. »Jobless growth«, Wachstum ohne Arbeitsplätze, ist das amerikanische Stichwort dafür, und das Beispiel der Vereinigten Staaten zeigt überhaupt, daß der Wohlstandsgewinn einer auf Hochtouren laufenden Wirtschaft sehr wohl einer Minderheit zugute kommen kann, während das Einkommen des Durchschnittsbürgers sinkt. Es wird in Deutschland immer wieder versichert, auch von bürgerlichen Politikern, daß man »amerikanische Verhältnisse« nicht haben wolle. Aber wirtschaftlich, nach den Kriterien von Produktivität und Effizienz, von Wachstum und Wettbewerbsfähigkeit, ist am amerikanischen Modell nichts auszusetzen; da ist es unschlagbar. »Wir wollen keine amerikanischen Verhältnisse« könnte also vernünftigerweise nur heißen: Wir wollen nicht, daß der Wirtschaft eine solche Bedeutung beigemessen wird; wir wollen keine so totale Ökonomisierung unserer Gesellschaft und unseres Lebens. Und es würde bedeuten, daß man sich nach Gegenkräften zum Markt umsehen müßte, nach einer Macht, die den »Terror der Ökonomie« zu zivilisieren vermag. Es ist die These dieses Buchs, daß das nach wie vor, wenn auch vielleicht in anderer Weise als gewohnt, nur der Staat sein kann.

Die vorherrschende Tendenz der Politik geht aber in eine andere Richtung. Sie arbeitet der Ökonomisierung nicht entgegen, sondern verstärkt sie, sie baut die staatlichen Bastionen gegen den Ansturm des Marktes nicht aus, sondern schleift sie ab. Zwei Politiker sind es vor allem, die den unbedingten Vorrang der Ökonomie, die Selbstauslieferung der Politik an die Wirtschaft, verkörpern, und beide haben in den vergangenen ein, zwei Jahren in der öffentlichen Wahrnehmung eine erstaunliche Karriere gemacht. Sie besitzen Geschick im Umgang mit den Medien, sie wissen sich und ihre Botschaft zu inszenieren. In ihren Parteien treten sie als Avantgarde auf, denen das langsamere Fußvolk nicht immer folgen kann. Beide bestimmen – in unterschiedlichem Ausmaß – Themen und Klima der politischen Debatte. Während sich der eine nach der Bundestagswahl 1998 auf der Oppositionsbank wiederfand, sitzt der andere an den Schalthebeln der Macht. Es sind Guido Westerwelle und Gerhard Schröder.

Guido Westerwelle, der Generalsekretär der FDP, repräsentiert einen in seiner Partei lange nicht mehr gesehenen Typus: den radikalliberalen Überzeugungstäter. Nachdem die FDP über Jahrzehnte nur Koalitions- und Funktionspartei war, die ewige Mitregentin und Mehrheitsbeschafferin, in den Augen ihrer zahlreichen Verächter die Inkarnation des politischen Opportunismus, soll sie nun wieder Programmpartei werden. Westerwelle und seine Freunde haben für die neue Scharfkantigkeit ein paar einprägsame Formeln gefunden: »radikale Reformpartei« müsse die FDP sein, Partei der »radikalen Mitte« oder »neue bürgerliche Protestpartei«. Was hier radikal reformiert werden soll, ist leicht zu sagen: Es ist der Staat. Westerwelles FDP ist die Partei derer, die sich vom Staat ausgebeutet und bevormundet glauben, die sich stark genug fühlen, ihr Leben in die eigene Hand zu nehmen, die aber dafür auch nicht dauernd für andere, für die Schwachen und Trägen, zur Kasse gebeten werden wollen. Die Liberalen haben, und darum muß der Westerwelle-Aufbruch nach der Taktiererei der Genscher-Ära auf sie wie eine Erlösung wirken, das Pathos der Freiheit wiederentdeckt, den Zauber des autonomen Individuums. Selbst im Vergleich mit einem alten Kämpen des Antisozialismus wie

Otto Graf Lambsdorff ist die neue FDP in ihrer Staatsfeindschaft extrem geworden. Bei allem Leiden unter dem aufgeblähten öffentlichen Sektor, hat Lambsdorff gelegentlich bemerkt, seien »die Menschen durchaus damit einverstanden, daß der Staat in Deutschland eine größere Rolle spielt als anderswo. Das hat mit Traditionen und historischen Hintergründen zu tun.« Westerwelle würde darin wohl einfach alte Zöpfe sehen, die abgeschnitten gehören.

Nachdem die Selbstbeschreibung als »Partei der Besserverdienenden« nicht gut ankam, ist die FDP allerdings vorsichtiger geworden mit dem allzu offenen Propagieren von Egoismus und Ellbogengesellschaft. »Freiheit ist nicht Egoismus«, erklärt Guido Westerwelle, »sondern das Vertrauen auf den Willen und die Fähigkeit des Menschen, zunächst in eigener Verantwortung zu entscheiden, zu handeln und zu helfen. Die Verstaatlichung von Verantwortung kostet immer mehr persönliche Freiheit und menschliche Zuwendung. Die Absicht, persönliche Verantwortung durch staatliche Agenturen für alle Lebensrisiken zu ersetzen, führt zur Überforderung des Staates, verhindert wirkungsvolle Eigenvorsorge, macht ihn unfinanzierbar und riskiert ihn damit auf Kosten der Schwächsten. Nur wenn Leistung sich für diejenigen lohnt, die Leistung erbringen können, kann das erwirtschaftet werden, was diejenigen brauchen, die schwach, krank oder gebrechlich sind. Wer Leistung erbringt, der erbringt sie auch für die Schwächeren in unserer Gesellschaft. Und gerade sie verdienen nicht nur unser Herz, sondern vor allem unseren Verstand.«

Westerwelle verbindet hier ein klassisch liberales mit einem neueren, aus der Sozialphilosophie der amerikanischen Kommunitaristen übernommenen Argument. Das erste, urliberale, ist das Motiv der »unsichtbaren Hand«, das Adam Smith, der geistige Vater der Marktwirtschaft, in die Wirtschafts- und Gesellschaftstheorie eingeführt hat: Wenn alle nur konsequent ihre persönlichen Interessen verfolgen, stellt sich gleichsam hinter ihrem Rücken das bestmögliche Ergebnis für alle ein; das Gemeinwohl ist das ungewollte, aber um so zuverlässiger erreichte Resultat der einzelnen Egoismen. Der andere, kommunitaristische Gedanke zielt auf die sozial kontraproduktiven Wirkungen des Wohlfahrtsstaats: Indem er Fürsorge und Umverteilung in öffentliche Regie nimmt, schwächt er das Zusammengehörigkeitsgefühl ursprünglicher Gemeinschaften wie Familie und Nachbarschaft und gräbt der privaten Mildtätigkeit das Wasser ab. Der bürokratische Solidaritätsersatz zerstört die echte Solidarität. Daß man den sozialen Impuls des Westerwelle-Liberalismus freilich nicht allzu ernst nehmen darf, zeigt sich schon darin, daß die beiden Argumente einander widersprechen. Die Philosophie der unsichtbaren Hand predigt ja gerade den Verzicht auf das bewußte, unmittelbare moralische Tun zugunsten der mittelbaren moralischen Folgen – während die Philosophie von Gemeinschaftssolidarität und Caritas im direktesten Sinne moralisierend und ein einziger Appell zur Tugendhaftigkeit ist. Auf Konsequenz kommt es hier offenbar nicht so sehr an. Es geht vor allem darum, die sozialen Verpflichtungen für die »Besserverdienenden« möglichst unverbindlich zu halten. Am besten, das Gute stellt sich von selbst ein, und man braucht gar nichts dafür zu tun. Wenn aber doch etwas getan werden muß, dann bitte nur freiwillig und ohne daß es darauf einen Anspruch gibt.

Westerwelles FDP ist die Wortführerin im Kampf gegen »Bürokratie« und »Regulierungswahn«, gegen den »Perfektionismus« der Behörden, gegen die »Entmündigung« durch einen »verfetteten«, fürsorglichen »Obrigkeitsstaat«. Sie ist für offene Märkte, flexible Arbeitszeiten und gelockerten Kündigungsschutz. Sie ist für das Aufbrechen des Tarifkartells und für mehr Selbstverantwortung bei der Alterssicherung. Sie hat einer unlustigen Union die Liberalisierung des Ladenschlußgesetzes und einer widerstrebenden die Senkung des Solidaritätszuschlags abgerungen. Sie ist der tapfere David mit der Schleuder im Streit gegen die »große Koalition der Sozialpolitiker« von CDU/CSU und SPD, die laut Westerwelle nach der Devise handeln: »Sozialdemokraten aller Parteien, vereinigt euch!« Eigentlich aber ist die Westerwelle-FDP nur eines: gegen Steuern. Sie ist gegen Steuererhöhungen, gegen das Verwässern der »Großen Steuerreform«, gegen das Stopfen von »Steuerschlupflöchern«, gegen die Besteuerung geringfügiger Beschäftigungsverhältnisse, gegen die Steuerlast, wie sie jetzt ist. »Steuern runter!« ist die Losung der Weniger-Staat-Partei FDP, der harte Kern ihrer Staatsverdrossenheit ist Steuerverdrossenheit. Und weil dies ein populärer Affekt ist, können die Liberalen trotz ihrer Vorliebe für die Besserverdienenden auf eine gewisse Massenwirksamkeit ihrer Parolen rechnen. Die Rede von der Protestpartei, vom Bürgerbewegungs-Charakter der neuen FDP, ist keine ganz leere Rhetorik. Als die Union wieder einmal Steuererhöhungen erwog und sich die Liberalen Gedanken über das richtige Maß ihres Widerstands machten, gewann die Idee Anhänger, nicht nur das Platzen der Koalition zu riskieren, sondern es wirklich einmal mit der Oppositionsrolle zu versuchen: Mit einem Wahlkampf als Antisteuerpartei ließe sich, so meinte etwa der stellvertretende Parteivorsitzende Rainer Brüderle, durchaus ein zweistelliges Stimmenergebnis erzielen.

Der Westerwellesche Bürgerprotest weist, was seinem Erfinder peinlich sein dürfte, manche Ähnlichkeit mit den in ganz Europa aufgeblühten Populismen à la Haider oder der separatistischen »Lega Nord« in der Lombardei auf. Sie werden zwar gewöhnlich als »rechts« eingestuft, doch gilt das eigentlich nur für Le Pens »Front National« in Frankreich. In Österreich oder Italien trifft die politische Richtungsunterscheidung rechts-links den Kern der Sache nicht wirklich; Motor des Protests ist ein allgemeiner Ekel vor Staat, Parteien und Behörden, das Gefühl des Ausgenommen- und Betrogen-Seins, des Geschröpftwerdens für irgendwelche anspruchsunverschämten, fördergelderverschlingenden Randgruppen oder zurückgebliebenen Landesteile. Auch hier sind die Steuern ein Schlüsselthema: »Unser Geld« soll nicht für die bürgerferne Bürokratie des Zentralstaats oder für die Subventionierung alternativer Soziotope verschleudert werden, die uns nichts angehen. Und in diesem Punkt, im festen Griff, mit dem die Hand am Geldbeutel gehalten wird, unterscheidet sich die Westerwelle-FDP kaum von den weniger feinen Schwesterbewegungen im Süden.

Sie hat freilich, anders als Haider und seine Freunde, mit Fremdenangst, Nationalismus und »gesundem Volksempfinden« nichts am Hut. Von jenen Parteimitgliedern oder Ex-Mitgliedern, die in diese Richtung marschieren, wie Manfred Brunner mit seinem Euro-feindlichen »Bund freier Bürger«, grenzt sich die FDP scharf ab. Sie ist die Partei von Freihandel und weltweitem Wettbewerb, da kann sie sich auf Chauvinismus nicht einlassen. Haider verspricht seiner Klientel Schutz vor Veränderung und Öffnung, er ist der Ombudsmann der soziologisch so genannten »Modernisierungsverlierer«. Populismus von dieser Art ist immer protektionistisch: Ein verunsichertes Kleinbürgertum will eine Mauer nicht nur gegen osteuropäische Autodiebe und Drogendealer aus Ghana, sondern auch gegen die Billiglohnkonkurrenz aus Böhmen oder Korea. Damit will die Westerwelle-FDP nicht dienen. Sie hat den Fortschritt auf ihre Fahnen geschrieben – ökonomisch wie gesellschaftlich. So erklärt es sich auch, daß sie, wie bereits angesprochen, in einigen Punkten durchaus linksliberal geblieben ist – sie wirkt heute sogar linksliberaler als in den achtziger Jahren, als die »geistig-moralische Wende« der ersten Kohl-Jahre einen konservativeren Grundton in die Politik brachte.

Inzwischen versucht die FDP ganz bewußt, ihre Weltoffenheit als zweites Markenzeichen neben der Wirtschaftsfreundlichkeit im Bewußtsein der Öffentlichkeit zu verankern. Sie setzt sich für ein freieres Ausländer- und Einwanderungsrecht ein, besonders für die doppelte Staatsangehörigkeit für ausländische Jugendliche – ein begrenzter Konflikt mit der CDU/CSU ist da durchaus willkommen. Es wäre freilich zuviel der Ehre, wollte man in diesen linksliberalen Programmelementen ein »Gegengewicht« zum vorherrschenden Wirtschaftsliberalismus à la Westerwelle sehen. Das bißchen Linkssein in Sachen Staatsbürgerschaft kostet nichts, im Gegenteil: Es steht vollkommen im Einklang mit der Ideologie des »free enterprise«. International ist die Wirtschaft spätestens seit der Globalisierung, da macht sich die programmatische Ausländerfreundlichkeit auch ökonomisch nicht schlecht; sie ist für eine Volkswirtschaft, die wesentlich vom Export und von auswärtigem Kapital lebt, sogar existenznotwendig. Moralisch aber ist diese Art Fortschrittlichkeit kaum mehr wert als die Warnung vor dem Anzünden von Asylbewerberheimen, weil das dem deutschen Ansehen in der Welt und damit der Investitionsbereitschaft ausländischer Firmen schade. Man mag sich freuen, daß wirtschaftliche Interessen inzwischen manchen Forderungen der Zivilisiertheit Nachdruck verleihen; aber das ändert nichts daran, daß eben allein wirtschaftliche Interessen, nicht politische, hier den Ausschlag geben. Politische Liberalität ist in der Westerwelle-Welt nur eine Nebenfolge ökonomischer Liberalisierung, Freiheit nur die unentbehrliche Voraussetzung für Freihandel.

Verkörpert Guido Westerwelle den Ökonomismus von oben, den Ökonomismus der Gewinner, der jungen Broker und Steueranwälte, so ist Bundeskanzler Gerhard Schröder die plebejische Variante der neuen deutschen Wirtschaftsgläubigkeit. Für die Westerwelle-Klientel bedeutet die Entfesselung der Wirtschaft eine Chance, eine Befreiung: Schluß mit der »Vollkaskomentalität«, mit der »Gefälligkeitsdemokratie«, mit der Bequemlichkeit des »Staatskunden« und wie die Schlagworte alle heißen. Schröder dagegen spricht ein Publikum an, das den Wandel in erster Linie als Bedrohung erlebt. Wie sehr er auch mit alten Formen und Überzeugungen der SPD brechen mag, mit Parteisolidarität oder Kapitalismuskritik, so bleibt doch auch Schröders SPD eine Volkspartei, und die Mehrheit des Volkes empfindet die Wiederkehr einer zunehmend reineren, immer weniger sozialen Marktwirtschaft als Gefährdung. Schröders unternehmernahes Styling mit Zigarre und Dreiteiler, sein vertrauter Umgang mit Industriekapitänen, sein Image als »Genosse für die Bosse«, die virtuose Selbstinszenierung im Spiel mit den Medien – das alles täuscht leicht darüber hinweg, wie sicher er trotzdem die Hand am Puls des Volkes hält. Seine Aufsteigerattitüde wird ihm vielleicht von Intellektuellen, Parteitagsdelegierten und Gewerkschaftsfunktionären übelgenommen, aber gewiß nicht vom Bevölkerungsdurchschnitt, der selbst viel eher vom Aufstieg träumt als von der Revolution. Nicht einmal Schröders notorischer Opportunismus, die atemberaubende Mutation vom kapitalistenfressenden Juso zum Managerfreund, vom Atomgegner zum Bremser in Sachen Ökosteuern, wird ihm ernsthaft schaden. Gerade die offen zur Schau gestellte Grundsatzlosigkeit, die Unterordnung von Prinzipien unter Karriereambitionen, trifft den Nerv der Zeit und das Existenzgefühl der Leute: Da macht einer so Politik, sagen sie sich, wie wir alle jetzt leben müssen – ohne den Luxus einer Moral, die man sich eben nur in den fetten Jahren leisten konnte. In Deutschland ist eine neue Kampf-ums-Dasein-Stimmung ausgebrochen, und Gerhard Schröder ist ihr Mann.

Viel stärker als der fröhliche Freiheitsenthusiasmus Westerwelles ist Schröders Botschaft von der Notwendigkeit beherrscht, sich dem eigentlich als feindlich empfundenen Druck der Wirtschaft anzupassen: Wir müssen unseren Wohlstand mit Klauen und Zähnen verteidigen. Auch Schröder will, wie Westerwelle, weniger Staat. Aber nicht, weil er den Staat immer schon als Freiheitsbeschränkung empfunden hätte, sondern weil er als Schutzmacht zunehmend versagt. Wer seinen Lebensstandard erhalten will, darf sich nicht mehr auf die soziale Umverteilung verlassen, er muß jetzt selbst mehr leisten. Nicht Optimismus, nicht das frivole oder naive Vertrauen auf die Selbstregulierung des Marktes ist die Stimmung, an der Schröder sich ausrichtet, sondern Angst: Angst vor der Arbeitslosigkeit, vor sinkenden Löhnen, vor findigeren, schnelleren, aggressiveren Konkurrenten in aller Welt. »Wir haben die Chance«, sagt Schröder, »uns zu entscheiden, ob wir im Prozeß der Globalisierung Hammer oder Amboß sein wollen.« Hammer sein wollen – für einen Sozialdemokraten ist das ein erstaunlich brutaler Gedanke. Amboß sein zu müssen – das ist die Furcht, die hinter allem steckt und von der die neue Bedenkenlosigkeit erst hervorgetrieben wird. Schröder schiebt die Schuld an diesem Klima der Vorgänger-Regierung zu: »Jene, die von geistig-moralischer Wende gesprochen haben, reden den Standort kaputt. Ihre ausschließlich auf eine Kostenkrise fixierte Wirtschaftspolitik weist in die falsche Richtung. Soziale Stützpfeiler einzureißen erzeugt Zukunftsangst und verringert die Bereitschaft, sich auf Visionen einzulassen. Die Konservativen beugen sich einer kalten Sachzwanglogik und betrachten gesellschaftliche und technologische Innovation als notwendiges Übel. Sie haben die Menschen nicht mitgenommen, sondern hinterhergeschleift. Ein Innovationsklima schafft man auf diese Weise nicht. Es ist ja nicht so, daß nicht jeder in Deutschland um die Notwendigkeit einer durchgreifenden Modernisierung von Staat, Wirtschaft und Verwaltung wüßte. Aber es ist heute kein optimistisches Projekt. Daher die quälende Langsamkeit, der Modernisierungsstau, den man mit Sicherheit, Vorsicht und Gründlichkeit verwechselt.« Wen auch immer die Schuld an der schlechten Stimmung nun treffen mag (der muntere Westerwelle wird sich in Schröders Kritik kaum wiedererkennen): Das Grundgefühl der Beklemmung, des In-die-Ecke-gedrängt-Seins, an dem Schröder sich abarbeitet, ist hier sinnfällig beschrieben.

Nur führt Schröder selbst die Deutschen nicht etwa aus dem Dickicht der Angstpolitik heraus, sondern bleibt deren Profiteur. Ein Beispiel dafür war die bereits angeführte hysterische Debatte über die innere Sicherheit, die er mit seinem ›Bild‹-Interview im Sommer 1997 auslöste. Schröder verlangte in rabiatem Ton das lebenslange Wegschließen von Sexualstraftätern und das unnachsichtige Abschieben von ausländischen Kriminellen. Die Frage nach dem sachlichen Recht der Forderungen trat völlig zurück hinter dem Eindruck der Enthemmtheit, mit der sich ein führender Politiker zum Sprachrohr der aufgewühlten Massenseele gemacht hatte. Wer genauer hinhörte, konnte freilich auch hier die soziale Verunsicherung als Hintergrund der Oberflächendiskussion über Recht und Ordnung bemerken. Daß es bei Schröder besonders gegen die Ausländer ging, hing ja weder nur mit den objektiven Daten der Kriminalitätsstatistik noch bloß mit »dumpfer Fremdenfeindlichkeit« zusammen. Die Internationalisierung des Verbrechens gehört vielmehr zu den Begleiterscheinungen jener allgemeinen Öffnungs- und Entgrenzungsprozesse, für die Weltmarkt und europäische Integration, Armutswanderungen, Mauerfall und Auflösung des Ostblocks nur verschiedene Beispiele sind. Der Drogenhandel ist das Zerrbild des globalen Güteraustauschs, die Russenmafia die Karikatur der neuen Wirtschaftsfreiheit im Osten.

Alles ist in undurchschaubare Bewegung geraten. Die Distanzen schrumpfen, die Medien bringen den Reichen den Anblick fernen Elends ins Haus und den Armen die Verheißungen des Wohllebens anderswo. Moderne Verkehrswege und durchlässige Grenzen lassen die imaginäre Nähe zur realen Konfrontation werden.

Diese grenzenlose Welt macht angst, und Gerhard Schröder macht sich zum Sprecher dieser Angst. Das gibt auch seinen wirtschafts- und sozialpolitischen Appellen zu Veränderung und Reform einen eigentümlich defensiven Zug: Er will die Bewältigung des Wandels, aber er spricht für Leute, die den Wandel selbst eigentlich nicht wollen. Mehr oder weniger offen ließ Schröder immer wieder seine Skepsis gegen den Euro und die Währungsunion durchblicken. Er rechnete dabei mit der Furchtsamkeit des Sparers, mit dem »D-Mark-Nationalismus« der deutschen Wohlstandsbürger. Aber über die Inflationssorgen hinaus ist auch hier wieder die Angst vor der offenen, grenzenlosen Zukunft im Spiel, vor der Weite des Binnenmarkts, in der sich der Schonraum Bundesrepublik auflöst. Man hat Schröder den deutschen Haider genannt, wegen des fahrlässigen Spiels mit Fremdenfeindlichkeit, Außenseiterverachtung und der Sehnsucht nach dem starken Mann, das er beim Thema innere Sicherheit getrieben hat. Doch die eigentliche Verwandtschaft mit Haider liegt im Gespür für die Stimmungslage einer verunsicherten Bevölkerung, die sich vor den rauhen Winden des Wettbewerbs fürchtet und zugleich von dem Gefühl umgetrieben wird, nun müsse man sich aber wirklich mit allen Mitteln für die Verteidigung des Wohlstands rüsten.

Gerhard Schröder genießt den Ruf eines Modernisierers der Sozialdemokratie, und wirklich vertritt er in manchen Punkten wirklichkeitsnähere Positionen, als sie in seiner Partei lange üblich waren. Daß das gegenwärtige Rentensystem am Ende ist, daß es durch eine Kombination aus Grundsicherung, Eigenvorsorge und Beteiligung der Arbeitnehmer am Unternehmenskapital abgelöst werden sollte, ist richtig; und zu Schröders Ehre muß man hinzufügen, daß er diese Einsicht schon vor dem allgemeinen Schockerlebnis des auf 21 Prozent steigenden Rentenbeitrags im Spätherbst 1997 öffentlich vertreten hat. Ein Weiter-so mit der verrotteten Blüm-Dreßlerschen Sozialpolitik wird es mit ihm nicht geben, dagegen unterstützt er weitestgehend die Reformabsicht seines Ministers Walter Riester. Aber im Grunde ist Schröder weniger Modernisierer als Traditionalist. Gerade seine Wirtschaftshörigkeit, sein materialistischer Politikbegriff, der Glaube an das Bruttosozialprodukt als sicheren Gradmesser des kollektiven Glücks – das alles ist gute oder eben: schlechte sozialdemokratische Tradition. Man verkennt das leicht, weil die SPD in den frühen achtziger Jahren, in der ausgehenden Ära des Parteivorsitzenden Brandt, eine Wendung ins Postmaterielle genommen hat. Erhard Eppler hatte den Gedanken von den »Grenzen des Wachstums« in Umlauf gebracht, bis hin zum Wunsch nach einem umweltverträglichen »Nullwachstum«. Der vermeintliche Ästhet Björn Engholm, der fast schon vergessen ist, stand für die Umdefinition der Sozialdemokratie in einen sanften, kultivierten Lebensstil, in welchen Vernissagen-Schick. Willy Brandt suchte die »Mehrheit links von der Mitte«, im Ausfransen der alten Arbeiterpartei hinein in die diffusen Milieus der verschiedensten Protestbewegungen, Ökologen, Feministinnen, Pazifisten, die sich allesamt für Wirtschaft und Soziales wenig interessierten. Nicht mehr die Kundgebungen zum 1. Mai, sondern Kirchentage, Anti-Pershing-Demonstrationen und Wackersdorf-Blockaden waren nun die Schauplätze sozialdemokratischer Politik.

Schröders Aufstieg markiert das Ende dieser historisch und ideologisch illegitimen Liaison der SPD mit einer wirtschaftsmüden Spätbürgerlichkeit. Illegitim, denn im Kern und vom Ursprung her geht es der Sozialdemokratie eben nicht um »Frieden mit der Natur«, um die »Bewahrung der Schöpfung«, um Gerechtigkeit für die Dritte Welt, Frauenemanzipation oder eine gewaltfreie Außenpolitik, sondern um Teilhabe am Wohlstand, und an diese Quelle führt Schröder die SPD zurück. Als Erhard Eppler 1972 auf einem Kongreß der IG Metall davon sprach, nicht Wachstumssteigerung, sondern mehr Lebensqualität sei der wahre Fortschritt, da wurde er von dem Gewerkschaftsvorsitzenden Eugen Loderer daran erinnert, daß solche blauäugigen Vorstellungen nicht gerade zur geistigen Grundausstattung der Arbeiterbewegung gehören: »Qualität des Lebens«, stellte Loderer fest, »hat auch etwas mit Quantität an Kaufkraft zu tun, das wollen wir nicht vergessen.« Askese, Verzicht um höherer Werte willen, ist durchaus unsozialdemokratisch. Gerhard Schröders Materialismus ist daher höchst sozialdemokratisch. Es ist keine bloße Phrase, wenn er erklärt, gerade seine Herkunft aus armen Verhältnissen habe ihn gelehrt, wie wichtig der Wohlstand sei, und: Die deutschen Arbeiter wüßten genau, daß es ihnen immer am besten gegangen sei, wenn es auch ihren Firmen gutging. Daß erst das Fressen kommt, dann die Moral, war nicht nur die konkrete Lebenserfahrung vieler Proletariergenerationen. Solche Provokationen auszusprechen ist auch immer der Stolz sozialistischer Theorie und Propaganda gewesen, die einem heuchlerischen bürgerlichen Idealismus die Maske vom Gesicht reißen wollten. Gerhard Schröders rüde Handfestigkeit fügt sich weit besser in die Tradition seiner Partei als die Pastoren- und Lehrer-Humanität der vergangenen fünfzehn Jahre.

Dieser spezifisch sozialdemokratische Materialismus liefert Gerhard Schröder auch ein probates Mittel, um sich vom »Neoliberalismus« der bürgerlichen Koalition abzusetzen. Das muß er schon um des lieben Friedens mit seiner Partei willen tun, aber auch, um den Bürgern plausibel zu machen, warum sie eigentlich SPD wählen sollen. Würde Schröders Wirtschaftsfreundlichkeit sich von der Wirtschaftsfreundlichkeit à la Union und FDP gar nicht unterscheiden, wäre der Regierungswechsel unnötig gewesen. An der Kohlschen Politik hatte er besonders die »Fixierung auf die Kostenkrise« kritisiert. Die Regierung, so Schröder seinerzeit, wolle immer nur sparen, es komme aber auf Innovationen und Investitionen an, und dafür müsse eben Geld da sein. »Der ›schlanke Staat‹«, sagte er weiter, »analog zum ›schlanken Unternehmen‹, ist in der letzten Zeit immer mehr zum Leitbild der politischen Diskussion geworden. Vielfach wird dabei in erster Linie an eine Senkung der Kosten gedacht. Eine derartige Sichtweise greift jedoch zu kurz. Daß Kostensenkung kein Selbstzweck sein kann, zeigen die Erfahrungen aus der privaten Wirtschaft. Krisen, ob konjunktureller oder struktureller Art, sind immer auch unternehmerische Auseinandersetzungen um Marktanteile. Wer Kostensenkung als Selbstwert betrachtet, nimmt bewußt oder unbewußt den Verlust von Marktanteilen in Kauf. Bei einem Wiederanziehen der Nachfrage fehlen häufig gerade in Unternehmen, die das Kostensenkungsprogramm besonders rigoros durchgeführt haben, die notwendigen Kapazitäten an Maschinen und Arbeitskräften und nicht zuletzt auch die Erfahrungen eingearbeiteter Arbeitskräfte und Arbeitsteams. Der Verlust von Kunden und Märkten führt unter Umständen in eine abwärtsgerichtete Spirale, die letztlich die Existenz des Unternehmens gefährden kann.« Das galt und gilt nach Schröder auch für den Staat. Er darf sich ebenfalls nicht kaputtsparen. Es gehe darum, »einer reinen Kostenorientierung das Konzept eines ›aktivierenden Staates‹« entgegenzusetzen. Massenarbeitslosigkeit und andere Probleme »erfordern eine Wirtschaftspolitik durch einen aktiven Staat. Diese Wirtschaftspolitik hat wenig gemein mit dem wirtschaftsliberalen Nachtwächterstaat, der den einzelnen sich selbst überläßt. Sie hat aber auch wenig gemein mit einem konservativen, passiven Subventionsstaat.«

Hier sind zwei Punkte bemerkenswert. Der eine: Schröder ist, weil er kein Neoliberaler sein will, auch kein Liberaler. Die saubere Trennung von Staat und Wirtschaft, das geheiligte Credo des Liberalismus, interessiert ihn nicht. Im Gegenteil: Sein »aktivierender Staat« greift permanent und aus Prinzip in die Wirtschaft ein. Schröders Image als Wirtschaftslandesvater, als Retter angeschlagener Betriebe und dauernd erreichbarer Ansprechpartner seiner gewerbetreibenden Landeskinder, spiegelt das exakt. Dem klassischen Liberalen muß Schröders Industriepolitik nach japanischem Muster (»Ich bin ein Auto-Mann«) deshalb ein Graus sein: Das Wohlergehen des VW-Konzerns als Staatsräson, Minister und Manager als leitende Angestellte zweier Abteilungen des Unternehmens Deutschland, die gemeinsam für Wachstum und Beschäftigung sorgen. Nicht eigentlich »weniger Staat« will Schröder, wohl aber die Unterwerfung des Staates unter die Logik der Wirtschaft. Der Staat soll selbst zum Unternehmen werden, zum Servicebetrieb, er darf kein eigenes staatliches, politisches Selbstbewußtsein als Widerpart des Ökonomischen entwickeln. Die Ideologie vom Staat als Dienstleister hat Schröder vollkommen verinnerlicht; die Unternehmen »sind die Kunden«, erklärte sein damaliger Wirtschaftsstaatssekretär Alfred Tacke, »wenn wir die nicht verstehen, sind sie ganz schnell weg«. Statt private und öffentliche Sphäre klar zu scheiden, was dem guten Liberalen als Garantie der Freiheit gilt, kommt es in der an Freiheit ganz desinteressierten Schröder-Politik nur darauf an, daß es beim Fabrikbau schnell und unbürokratisch zugeht, daß die Genehmigungsbehörde keine lästigen Fragen stellt, die Verwaltungsgerichte hübsch stillhalten und die Schadstoffwerte auch einmal ein bißchen höher sein dürfen – es geht schließlich um Arbeitsplätze. Als Kanzler, hat Schröder vor seiner Wahl gelegentlich in Aussicht gestellt, wäre er eine Art Manager der Deutschland AG. Bei dieser Verquickung von Staat und Wirtschaft geht der Staat allerdings noch mehr vor die Hunde als bei jedem »Neoliberalismus«: Der Triumph des Ökonomischen ist total. Sofern dabei nur für die Mehrheit der Bevölkerung, für die »kleinen Leute«, etwas herausspringt, ist die Sache aber durchaus sozialdemokratisch.

Der zweite interessante Punkt in Gerhard Schröders Neoliberalismus-Kritik betrifft die Abneigung gegen das Sparen. Daß man sich einschränken und Verzicht üben soll, daß man die Staatsschulden abbauen und mit einer Politik des knappen Geldes die Inflation kleinhalten muß – diese strenge Philosophie des Gesundschrumpfens ist ja gewissermaßen ein moralisches Element in der liberalen Wirtschaftspolitik. Auch Begriffe wie die »Haushaltsdisziplin« oder, umgekehrt, der »ordnungspolitische Sündenfall«, spielen darauf an. Natürlich geht es dabei eigentlich nicht um ethische Fragen, sondern um langfristige Profitabilität, die sich nur durch vorläufige Selbstbeschränkung erreichen läßt. Aber immerhin: Eine gewisse Affinität zu bürgerlicher Tugend, auch zu »grünen« Ideen wie Nachhaltigkeit und Ressourcenschonung, ist doch gegeben. Dieser Zumutungscharakter ist wahrscheinlich sogar das Beste am ganzen Neoliberalismus: Daß wir, wie das abgegriffene Bild sagt, den Gürtel enger schnallen müssen, ist zwar eine sehr schlichte Wahrheit, aber trotzdem wahr. Es ist auch eine Schnittstelle von bürgerlichem Soliditäts- und alternativem Umweltbewußtsein, ein Anknüpfungspunkt für mögliche schwarz-grüne Koalitionen: Der Ökonom und der Ökologe wissen beide, daß man die Zukunft nicht zugunsten der Gegenwart verfrühstücken darf. Gerhard Schröder, der sich ja nicht zufällig zum führenden Grünenfresser der SPD entwickelt hat, kann mit einer solchen »Wende zum Weniger«, wie der Publizist Bernd Ulrich es genannt hat, am allerwenigsten anfangen. Nicht Einschränkung und Verzicht sind sein Programm (das denunziert er als »Fixierung auf die Kostenkrise«), sondern Expansion. Er denkt, wenn das denn geht, in einem noch strikteren Sinn materialistisch als die Wirtschaftsliberalen, denn Askese will er nicht einmal als Mittel zum Zweck künftigen Gewinns. Auch das ist wieder gute oder eben: schlechte sozialdemokratische Tradition, denn Sparen ist bürgerlich.

Ähnliches gilt auch für die Fortschrittsgläubigkeit, der Gerhard Schröder mit seiner industriefreundlichen Technologiepolitik anhängt, mit dem unablässigen Trommeln für Telekommunikation, Computerwesen und Gentechnik. Auch das ist durchaus kein Bruch mit der Vergangenheit der SPD, ein Bruch war vielmehr jene Fortschrittsskepsis, die sich unter dem Einfluß der Grünen vorübergehend in der Partei breitmachte. Wer etwa weiß, wie tief sich die europäischen Sozialisten in den zwanziger Jahren auf Eugenik und Erbhygiene eingelassen haben, um der Hebung des kollektiven Tugend- und Glücksniveaus willen, der wird von ihren Nachfolgern nicht viel Widerstand gegen die gegenwärtigen Machbarkeitsphantasien, gegen das Modellieren der Bio-Ingenieure an einem neuen Menschen erwarten. Tatsächlich gab es im Europäischen Parlament schon Abstimmungen in medizinisch-moralischen Fragen, die das belegen. Die Sozialisten votierten da mit den stets zur Laxheit neigenden Liberalen für die Lockerung bioethischer Grenzen, die Christdemokraten und Grüne enger fassen wollten. Darin wirkt eine lange Vorgeschichte nach: Nicht die Linke, sondern die Katholisch-Konservativen haben zu Beginn des Jahrhunderts gegen Euthanasie und die Sterilisierung von Behinderten gekämpft; auf der Linken galt dieser Widerstand als reaktionär. Nach ähnlichem Muster kann heute Technikkritik als

Dunkelmännerei, die doch gar nicht zum aufklärerischen Wesen der Sozialdemokratie paßt, aus dem Selbstverständnis der Partei gestrichen werden. Die unkritische Begeisterung für die Moderne ist gerade keine Modernisierung der SPD, der Innovationsglaube durchaus nicht innovativ, sondern der älteste Hut der Parteigeschichte.

Guido Westerwelle und Gerhard Schröder, der Yuppie und der Volkstribun, der Freiheitsdogmatiker und der Opportunist, der Handy-Bubi und der »Automann«, der Sorglose und der Angstpolitiker – das sind die beiden Protagonisten des grassierenden deutschen Ökonomismus, die Vorsänger der Hymne »Wirtschaft, Wirtschaft über alles«. Daß der Mensch vom Brot allein lebt, ist ihrer beider Botschaft – einmal kommt sie von oben, das andere Mal von unten, dort als Triumphgeschrei der siegreichen Marktwirtschaft, hier als Hilferuf einer bedrohten Mittelschicht. Bourgeoisie und Proletariat, die Klassengegner in der kapitalistischen Gesellschaft, waren sich in einem Punkt einig, daß nämlich das Geld die Welt regiert. So steht auch für die grundverschiedenen, vielfach sogar verfeindeten Westerwelle- und Schröder-Milieus gemeinsam fest, daß die Wirtschaft das Schicksal ist. Zusammen haben sie eine ungeheure Verödung der Debatte bewirkt und die politische Landschaft der Bundesrepublik in das geistige Flachland eines bloßen Standorts verwandelt. Umweltpolitik, Familienpolitik, Kulturpolitik, selbst Außenpolitik – alles, was nicht im banalsten Sinne finanziellen Ertrag verspricht, ist von der Tagesordnung fast völlig verschwunden. Verantwortungsvolle Politik würde aber gerade darin bestehen, nicht alles dem Krakengriff von Nützlichkeit und Rentabilität auszuliefern, nicht das ganze Leben zu verwirtschaften. Was aber heißt das? Und welche Rolle hätte der von Westerwelle und Schröder gleichermaßen als Störfaktor bekämpfte Staat dabei zu spielen?

8 | Armut, Freiheit und die Grenzen des Marktes

Daß der deutsche Wohlfahrtsstaat im gewohnten Umfang nicht mehr zu halten ist, weiß jeder, zumindest insgeheim. Renten- und Krankenversicherung taumeln vom jeweils aktuellen Finanzierungsloch über die folgende eilige Notoperation zur nächsten Krise. Die unkontrollierbare Kostendynamik dieser Solidarsysteme ist keineswegs gestoppt, aber gerade deshalb ist sie als Problem weithin bewußt geworden. Niemand käme heute noch auf die Idee, eine gesetzliche Pflegeversicherung neu einzuführen – das war der letzte Streich der altbundesdeutschen Sozialpolitik. Er ist von Anfang an ein Fehler gewesen; aber während der Widerstand der FDP gegen Norbert Blüms missionarischen Eifer, den Sozialstaat zu vollenden, vor einiger Zeit noch scheitern mußte, würden sich die Liberalen in Anbetracht der leeren Kassen heute gewiß durchsetzen. Doch die Misere der Sozialversicherung ist nicht das einzige Krankheitssymptom des Wohlfahrtsstaats. Daß etwa die von einer anonymen Bürokratie gespendeten Sozialleistungen zum Mißbrauch einladen, ist keine Erfindung von Propagandisten des Neoliberalismus; jeder kennt genug Beispiele für das schamlose »Abgreifen« von »Staatsknete«, für die einträgliche Kombination von »Stütze« und Schwarzarbeit. Und umgekehrt: Jeder weiß, daß die Steuer- und Abgabenlast des Normalbeschäftigten, mit der er die Umverteilungsapparatur finanziert, zur Schwarzarbeit geradezu anhält. Die Schwarzarbeit ist die Steueroase des kleinen Mannes.

Der Massenwohlstand der alten Bundesrepublik war nicht der Normalfall, sondern eine historische Ausnahme. Das Kräfteverhältnis von Kapital und Arbeit ist im vergangenen halben Jahrhundert ungewöhnlich günstig für die Arbeit gewesen. Die Arbeitnehmer wurden als qualifizierte Produzenten und kaufkräftige Konsumenten gleichermaßen gebraucht und waren schwer ersetzbar; das führte zu Vollbeschäftigung und hohen Löhnen. In der neuen Weltwirtschaft, die von beweglichen Finanzströmen und dem exklusiven Know-how weniger Spezialisten lebt, ist das Geld stärker und die Mehrzahl der Menschen unwichtiger geworden. Sofern man massenhafte Arbeitskraft in einem hochtechnisierten Fertigungsprozeß überhaupt noch braucht, kann man sie dort anwerben, wo sie am billigsten ist. Die Vollbeschäftigung mit hohem Lohnniveau, die in den Industrieländern nicht nur den komfortablen Lebensstandard der Arbeitenden, sondern auch die großzügige Alimentation von Arbeitslosen, Alten, Kranken und Aussteigern sicherte, ist auf absehbare Zeit, vielleicht für immer, dahin. Insofern hat mit der Globalisierung wirklich eine neue Epoche der Sozialgeschichte begonnen oder, anders gesagt, eine Rückkehr zu jener Normalität der Ungleichheit, mit der die Menschheit seit den Tagen der Pharaonen und ihrer Fellachen immer leben mußte. Eine zivilisierte Gesellschaft wird sich weiterhin verpflichtet fühlen, keines ihrer Mitglieder verhungern oder in unwürdige Not geraten zu lassen. Aber was darüber hinausgeht, dafür wird jeder zunehmend selbst sorgen müssen. Eine umfassende öffentliche Absicherung des einzelnen gegen alle Daseinsrisiken wird es in Zukunft nicht mehr geben.

Bevor man dieser Art Wohlfahrtsstaat zu viele Tränen nachweint, sollte man sich fragen, wie es um seine Legitimation wirklich bestellt ist. Die Sozialpolitiker beanspruchen für ihr Werk einen ungeheuren ethischen Kredit, indem sie es zur zeitgemäßen Form der Nächstenliebe erklären. »Politisch gesehen«, schreibt Heiner Geißler, »bedeutet in einem modernen Industriestaat die Nächstenliebe nicht mehr allein Lazarette und warme Suppen, sondern auch soziale Sicherungssysteme, Absicherung der Lebensrisiken wie Alter, Krankheit, Unfall, Arbeitslosigkeit, Pflegebedürftigkeit, ein soziales Arbeitsrecht mit Kündigungsschutz und darüber hinaus Miteigentum an den Produktionsmitteln und Mitbestimmung in den Betrieben.« Damit wird praktisch das gesamte Anspruchsvolumen der bundesdeutschen Gegenwart unter den Bestandsschutz der Bergpredigt gestellt; einige bislang unerfüllte Forderungen kommen sogar noch hinzu. Doch diese Berufung auf Jesu Satz »Was ihr getan habt dem geringsten unter meinen Brüdern, das habt ihr mir getan« ist falsch, um nicht zu sagen: lästerlich. Denn die geringsten unter Jesu Brüdern sind durchaus nicht die Hauptbegünstigten des Sozialstaats. Er ist weitgehend eine Veranstaltung zur Sicherung des Lebensstandards der Mittelschichten, nicht Hilfe für die Hilflosen. Gebißkorrekturen und entspiegelte Brillengläser, Seniorenkreuzfahrten und Frauengleichstellungsprogramme sind sein Werk, nicht die Rettung der biblischen Witwen und Waisen vor dem Bettelstab. Darum ist er auch so teuer. Für die dringenden Bedürfnisse der wenigen wirklich Armen würde das Geld schon reichen. Aber es den vielen recht zu machen, denen es eigentlich ganz gut geht und deren Ansprüche entsprechend hoch sind – das eben ist nicht mehr zu bezahlen. Deshalb ist der oft angeprangerte »Sozialabbau« unvermeidlich.

Für die tatsächlich Armen bleibt der Sozialstaat allerdings bitter nötig, und die Betonung muß dabei ausdrücklich auf den Wortbestandteil »Staat« gelegt werden. Optimistische Zeitbeobachter wie Ulrich Beck loben die moderne Gesellschaft für ihre fortschreitende Humanisierung. Ist sie nicht immer toleranter und großzügiger im Umgang mit Minderheiten, Außenseitern und Randgruppen geworden? Sind die Vorurteile gegen Homosexuelle nicht geschwunden, haben nicht die Frauen mehr und mehr Rechte erobert, und hat nicht auch die Weltoffenheit trotz aller Rückfälle in Fremdenfeindlichkeit insgesamt stetig zugenommen? Das stimmt wirklich. Eine Randgruppe allerdings ist nicht in den Genuß dieses erfreulichen Fortschritts gekommen, und das sind die wirtschaftlich Konkurrenzunfähigen, die materiell Benachteiligten, vulgo: die Armen. Armut aber ist in der Wohlstandsgesellschaft das einzige unauslöschliche Stigma, weil sie die äußerste Provokation gegen die herrschenden Werte darstellt: Der Arme ist in der Wohlstandsgesellschaft ein Ungeheuer wie der Ketzer im Gottesstaat oder der Landesverräter im Nationalismus. Alle übrigen tatsächlich oder vermeintlich Zurückgesetzten, Frauen, Ausländer, Minderheiten, können ihre Interessen gesellschaftlich zur Geltung bringen, weil ihr Schicksal eben keinen Vorwurf gegen die Leistungsgesellschaft bedeutet: Die Frau oder der Homosexuelle werden nicht vom Markt diskriminiert, sondern vom Patriarchat beziehungsweise vom Spießertum, und wer sich mit ihnen solidarisiert, muß die Prinzipien der modernen Gesellschaft nicht in Zweifel ziehen, im Gegenteil: Er klagt mehr Modernität ein, darf sich also als Speerspitze der gesellschaftlichen Entwicklung, als Sieger der Geschichte fühlen. Daher kann das Engagement für Außenseiter sogar ausgesprochen schick sein; das Küßchen auf die Wange des Aids-Infizierten macht sich im Fernsehen gut. Die Berührung mit der Armut dagegen wird gefürchtet wie der Aussatz. Sie ist, inmitten lauter angeblicher Tabus, die in einem fort ohne Sanktion gebrochen werden, das einzige echte, das man nicht ungestraft verletzt. Denn der Arme hat im freien Wettbewerb, dem Lebenselixier der Gegenwart, versagt, und darum findet er in den Augen der Gesellschaft keine Gnade. Er muß, als einziger, seine Hoffnung auf den Staat setzen.

Die Sozialpolitik des Wohlfahrtsstaats hatte es sich zum Ziel gesetzt, die Armut nicht nur zu bekämpfen, sondern ganz zu beseitigen. Da waren nicht bloß edle, uneigennützige Motive am Werk, Heiner Geißlers zeitgemäße Nächstenliebe zum Beispiel, sondern auch die Armutsphobie der Wohlstandsgesellschaft: Mit dem Elend wollte man schlechterdings nichts zu tun haben, also sollte es das Elend einfach nicht mehr geben. Abschaffen war noch besser als Wegsehen. Auch war dem Nützlichkeitsdenken die Unproduktivität der Armut zuwider. Menschen ohne Kaufkraft sind zu nichts nütze. Der katholische Schriftsteller Georges Bernanos hat 1947 den Finger auf diese faule Stelle der wohlfahrtsstaatlichen Menschenliebe gelegt: »Diese Gesellschaft will keine Armen, und es wäre wirklich allzu kindlich, wenn man glauben wollte, das sei eine Regung des Gefühls oder gar des Mitleids. Die moderne Welt hat zwei Feinde, die Kindheit und die Armut. In einer technischen Zivilisation, deren einziges Gesetz die Leistung ist, ist die Kindheit nur ein unergiebiger Lebensabschnitt, den man nach Möglichkeit abkürzen oder gar abschaffen soll. Welch ein ungeheurer Gewinn an Arbeitskraft und Energie, die Kindheit abzuschaffen! Die Kindheit ist nicht viel wert, und die Armut ist nichts wert.« Darum sinnt die Moderne darauf, wie »man den Armen abschafft und aus dem Armen einen Bürger wie andere Bürger macht, den nichts von den anderen unterscheidet, der nicht dieses unerträgliche Ärgernis gibt, ohne Komfort leben zu können, also den Komfort zu verachten scheint, diesen Komfort, dessen Idee in der gegenwärtigen Gesellschaft die Stelle einnimmt, die in der christlichen die Idee des Heils hatte, den Komfort, in dessen Namen der Staat beansprucht, über unsere Güter, über unsere Arbeit, über unser Leben, über unser Gewissen zu verfügen, und uns am Ende zu Robotern macht.«

Das so christlich daherkommende Projekt »Armutsabschaffung« ist also, wenn man es mit der Christlichkeit nur ernst genug meint, durchaus nicht über jeden Zweifel erhaben. Vor allem aber ist es nicht durchführbar, zumindest nicht mehr. Die Industrieländer der Nachkriegszeit sind dem Ideal einer Gesellschaft ohne Armut ziemlich nahe gekommen. Doch sie haben ihre besten Jahre hinter sich, sie werden, ausgepunktet von vitaleren Rivalen, ärmer werden, und das heißt auch: Es wird wieder mehr Arme geben. Auf ein Wiedererstarken der privaten Wohltätigkeit, auf Selbst- und Nachbarschaftshilfe, wie sie als Ausputzer für den überforderten Wohlfahrtsstaat gern empfohlen werden, dürfen die neuen Deklassierten kaum hoffen. Denn die Gesellschaft, die ganz auf Wohlstand ausgerichtet ist, wird mit dem Festhalten der immer noch ansehnlichen Reste ihres dahinschmelzenden Reichtums alle Hände voll zu tun haben. Weniger denn je wird sie Neigung zeigen, sich mit der Armut einzulassen, die sie bis zur Hysterie fürchtet. Sofern ihr der Sinn nach Altruismus steht, wird sie von den Robbenbabys der Brigitte Bardot bis zu allfälligen Erdbebenopfern in »Sonstwoland« (Arnold Gehlen) attraktivere Gegenstände der Fürsorge finden als ausgerechnet die Globalisierungsgeschädigten vor der eigenen Haustür. Die moderne Gesellschaft ist nicht mehr das buntscheckige Solidaritätsgeflecht von Familien, Freundeskreisen, Kirchengemeinden oder Stiftungen, das vor der Durchsetzung des Wohlfahrtsstaats zur Linderung, wenn nicht Verhinderung von Not zur Verfügung stand. Die alte Welt des Gemeinsinns, deren atembeklemmende Enge freilich auch keinen Anlaß zu nostalgischer Verklärung gibt, haben die Modernisierer von links und rechts, die Emanzipationsgläubigen und die Marktbefreier, in vollkommener Eintracht ruiniert. Es mag bedauerlich sein, daß diese Quelle der Caritas versiegt ist, aber keine Wirtschaftskrise wird sie wieder zum Sprudeln bringen. Not wird die moderne Gesellschaft weder beten noch helfen lehren, sie wird sie nur brutaler machen. Die Verstaatlichung der Wohltätigkeit ist unumkehrbar; niemand kann behaupten, die Zerstörung des britischen Sozialstaats durch Margaret Thatcher habe eine Explosion der spontanen Philanthropie zur Folge gehabt. Darum bleibt es die Pflicht des Staates, die wirklich Schwachen vor einer Gesellschaft zu schützen, deren Grundgesetz das Recht des Stärkeren ist.

Es sind indessen nicht nur humanitäre und soziale Motive, die einen staatlichen Ausgleich zwischen Arm und Reich notwendig machen. Es gibt dafür auch einen zwingenden politischen Grund: Verelendung nämlich ist unvereinbar mit Demokratie. Denn Demokratie ist auf ein gewisses Maß an innerer Homogenität angewiesen. Sie bedeutet zwar nur politische, nicht gesellschaftliche Gleichheit, aber ein Übermaß an gesellschaftlicher Ungleichheit macht auch die politische Gleichheit unmöglich, weil Menschen, die in ihren Lebensverhältnissen und Interessen zu verschieden sind, als Staatsbürger nicht gleich sein können. Für sie gibt es keine gemeinsame Sache, keine »res publica«, kein »Gemeinwesen«, für das sie zusammen Verantwortung übernehmen könnten. Das zeigt sich schon daran, daß die Verlierer, die sozial »Ausgeschlossenen«, wie man in Frankreich sagt, aus dem politischen Spiel aussteigen: Sie nehmen an Wahlen nicht mehr teil, von anspruchsvolleren Formen des Bürgerengagements ganz zu schweigen. Was die Sozialwissenschaftler »Partizipation« nennen, die Teilhabe an den öffentlichen Angelegenheiten, ist jedoch eine Grundvoraussetzung der Demokratie.

An der geringen Wahlbeteiligung und der verbreiteten politischen Passivität in den Vereinigten Staaten sieht man, wie übergroße soziale Ungleichheit bei äußerlich funktionierenden Verfassungsinstitutionen zu einer inneren Aushöhlung des politischen Systems führen kann. Gewaltenteilung, Kandidatenkonkurrenz, Machtwechsel – das alles gibt es noch, aber unter Ausschluß großer Teile der Bevölkerung. Sie werden zu desinteressierten, demoralisierten Zuschauern.

Die Forderung nach einer elementaren Bürgergleichheit ist übrigens keine Erfindung des Wohlfahrtsstaats oder auch nur der Neuzeit. Die freien Stadtstaaten der griechischen Antike zeigten sich auf geradezu radikale Weise davon überzeugt, daß es Demokratie nur unter Gleichen geben könne; der selbstverständliche Ausschluß der Sklaven und Fremden, der »Barbaren« von der politischen Mitbestimmung hat seinen Grund gerade in dieser Gleichheitsforderung. Das heißt aber auch: Wer das Entstehen neuer »Sklaven«-Schichten von Deklassierten verhindern will, muß in einer auf Wohlstand fixierten Gesellschaft ein gewisses Wohlstandsniveau für alle garantieren. Ein so verstandener Sozialstaat ist nur das moderne Instrument zur Herstellung jener fundamentalen bürgerlichen Gleichheit, ohne die eine Demokratie nicht bestehen kann.

Es kommt also darauf an, den Staatsbürger gegen die Schicksalsschwankungen abzusichern, denen er als Wirtschaftssubjekt, als Marktteilnehmer ausgesetzt ist. Man kann und soll in einer freien Gesellschaft nicht verhindern, daß es für Arbeitnehmer und Unternehmer je nach Erfolg und Glück in ihrem Leben auf und ab geht. Aber man muß verhindern, daß dieses Auf und Ab sie in ihrem Bürgerstatus und in ihrer Menschenwürde verletzt. Es geht um die Trennung des Politischen und des Humanen vom Ökonomischen.

Genau das aber hat der Sozialstaat, der jetzt ins Schleudern geraten ist, nicht getan. Sein Ehrgeiz war es vielmehr, die Hilfsleistungen an das Wirtschaftsgeschehen, an das Wohlstandswachstum anzukoppeln. Das Musterbeispiel dafür ist die »dynamische Rente«, die Konrad Adenauer 1957 eingeführt hat. Die Rentensteigerungen folgen der Einkommensentwicklung – bis 1992 den Bruttolöhnen, seither, weil das zu teuer geworden war, den Nettolöhnen.

Solange gut verdient wird, führt das zu Leistungsansprüchen und Erwartungshaltungen, die das System am Ende unbezahlbar machen. Wenn dagegen magere Jahre kommen, werden die Transfereinkommen in den ökonomischen Abwärtssog hineingezogen. Zwar fällt dabei niemand ins Bodenlose; ist erst einmal das Sozialhilfeniveau erreicht, ist die Talfahrt zu Ende. Aber die Botschaft, die diese Art Sozialpolitik aussendet, bleibt die falsche. Sie sagt nicht: Es gibt einen menschenwürdigen Unterhalt, der jedem zusteht, unabhängig von Fähigkeiten, Leistungen und Verdiensten. Sie sagt nicht: Der Mensch ist mehr als ein Homo oeconomicus, das Leben mehr als Arbeiten und Geldverdienen, darum ziehen wir der Sphäre der reinen Kosten-Nutzen-Kalkulationen eine Grenze, und jenseits dieser Grenze gelten andere Gesetze. Sondern diese Sozialpolitik sagt: Die Welt ist ein einziges Perpetuum mobile von Wachstum und Umverteilung, eine aufsteigende Spirale des Mehr und Immermehr, eine sich weiter und weiter beschleunigende Wohlstandsmaschine, und an diese Maschine sollen alle angeschlossen werden.

Statt der Wirtschaft mithin etwas entgegenzusetzen, treibt eine solche Sozialpolitik den Ökonomismus auf die Spitze, indem sie ihn auch noch moralisch adelt. Daß die Rente kein Almosen sei, sondern »Lohn für Lebensleistung«, wie Norbert Blüm immer verkündet hat und gegen eine steuerfinanzierte Grundsicherung ins Feld führte, ist gerade kein humaner Gedanke, sondern Ausdruck einer spießbürgerlichen Gesinnung, die im Grunde meint: Wer nicht arbeitet, soll auch nicht essen. Eine Grundsicherung dagegen würde deutlich machen, daß das Soziale kein Anhängsel des Ökonomischen ist. Das klingt nun ein wenig nach Guido Westerwelle; auch die FDP favorisiert das Modell eines »Bürgergeldes«, in dem alle Sozialleistungen zusammengefaßt werden sollen und das auch dem ärgsten Faulpelz auszuzahlen wäre. Aber die Idee vom Staat als

Gegengewicht zur Wirtschaft, als Schutzmacht gegen die totale Ökonomisierung gerät sofort in Konflikt mit der Standortideologie der Liberalen und Vulgärliberalen in allen Parteien, eben jener Markthörigkeit, die sich in der ganzen Gesellschaft ausbreitet.

Diese Markthörigkeit wird zum Zivilisationsrisiko in einem Moment, da der Markt den Deutschen nicht mehr das freundliche Gesicht des Wirtschaftswunders, sondern die häßliche Fratze des »Terrors der Ökonomie«, des Globalisierungsdrucks zeigt. Das Gefühl der Abstiegsgefahr, die Angst um den bedrohten Wohlstand kann eine Gesellschaft dazu bringen, alles der Wirtschaft zum Fraß vorzuwerfen, um nur ja der Verarmung zu entgehen. Und ein traditionsschwaches Land wie die Bundesrepublik ist von einer solchen Barbarisierung vermutlich sogar in besonderem Maße bedroht. Nachdem man nämlich in den wohlgepolsterten siebziger und achtziger Jahren eine ausgeprägte, manchmal übertriebene moralische Empfindlichkeit gepflegt hatte, ein Übermaß an Friedfertigkeit, Fortschrittszweifel und ökologischer Schonkultur, schlägt das Pendel nun, so jedenfalls scheint es, zurück. Strenge Umweltauflagen, kulturkritische Vorbehalte gegen die hemmungslose Expansion von Kommunikations- und Unterhaltungsindustrie, Zweifel an den segensreichen Wirkungen der Biotechnologie – das alles sind auf einmal nur noch Standortnachteile, die man schnellstens überwinden muß.

Selbst Wolfgang Schäuble, der sonst manche Züge eines wirklichen Konservativen bewahrt hat, sieht in der Technikskepsis der achtziger Jahre im Rückblick bloß eine Nostalgiemode und frohlockt über ihr Ende: »Längst schon hat die Debatte das wohlfeile Niveau der Maschinenstürmer des Computerzeitalters überwunden, die mit ihren ›Ungemeinplätzen‹ (Hermann Lübbe) wie dem, das man nicht alles tun dürfe, was man tun könne, den Beifall sich selbst für aufgeklärt haltender, jedenfalls zeitgeistprägender Eliten erheischten. Einer Jugend, die mit Computern aufgewachsen ist, kann man schwerlich noch mit fatalen ›Zurück-zur-Natur‹-Parolen beikommen. Sowohl unsere Alltagskultur (Computer, Nintendo-Gameboy, Schachcomputer) als auch die heute in Schulen, Betrieben und Hochschulen vermittelten Bildungsstandards sowie die im Zuge des technisch-industriellen Fortschritts entstandenen neuen Berufsprofile haben ein Verständnis für Techniknotwendigkeit und Fortschritt heranwachsen lassen, das durch keine Grundsatzreden anerzogen werden kann. Technische und wissenschaftliche Berufszweige werden heute von Kindern so selbstverständlich als Berufswunsch genannt wie Lokomotivführer oder Pilot in früheren Tagen. Die Faszinationskraft der technischen Welt ist dem faulen Zauber der nur für kurze Zeit zeitgeistkonformen Modernitätskritiker nicht erlegen, auch wenn deren Wortführer noch immer heftig auf sich aufmerksam machen.« Schäuble hat auch noch ein paar ziemlich abfällige Bemerkungen über die Festreden-Karriere von Hans Jonas' ›Prinzip Verantwortung‹ parat, eine Ethik, »die gar nicht sonderlich originell war«.

Daß der Vorsitzende der christlich-demokratischen Bundestagsfraktion vom Nintendo-Gameboy mehr Wegweisung für die Zukunft erwartet als vom ›Prinzip Verantwortung‹, ist denn doch eine erstaunliche Tatsache. Aber es ist bezeichnend für die gegenwärtige Stimmung. Wir erleben mitten in einer tiefen Krise der Wachstums- und Fortschrittsgesellschaft eine Wiedergeburt des schon überwundenen Wachstums- und Fortschrittsglaubens, zumindest in Form offizieller Propaganda. »Wir müssen rein in die Zukunftstechnologien«, rief Roman Herzog in seiner »Berliner Rede« aus, »rein in die Biotechnik, rein in die Informationstechnologie. Ein großes, globales Rennen hat begonnen: Die Weltmärkte werden neu verteilt, ebenso die Chancen auf Wohlstand im 21. Jahrhundert. Wir müssen jetzt eine Aufholjagd starten, bei der wir uns Technologie- und Leistungsfeindlichkeit einfach nicht leisten können.« Und: »Wenn wir alle Fesseln abstreifen, wenn wir unser Potential voll zum Einsatz bringen, dann können wir am Ende nicht nur die Arbeitslosigkeit halbieren, dann können wir sogar die Vollbeschäftigung zurückgewinnen.« Da hat man einmal den Verzweiflungskampf um die materiellen Errungenschaften der vergangenen Jahrzehnte, mit dem vollkommen illusionären Ziel einer Wiederherstellung der Vollbeschäftigung. Und dann das Erfolgsrezept zum Bestehen dieser Produktionsschlacht: das Abwerfen von wettbewerbsschädlichem Zivilisationsballast, das »Abstreifen aller Fesseln«.

Eine entfesselte Gesellschaft aber ist keine glückverheißende »Vision«, wie Herzog meint, sie ist ein Alptraum. Das weiß der frühere Bundespräsident natürlich auch. Deshalb fordert er in einem Atemzug mit Entfesselung, Aufbruch und »Ruck« mehr Gemeinsinn und Solidarität; und in seiner zweiten »Berliner Rede«, zum Thema Bildungspolitik, hat er, neben dem obligatorischen Verlangen nach Wettbewerbsorientierung und Praxisbezug, sich für eine Erziehung zu Werten, Normen und Pflichten stark gemacht. Werte, ganz abgesehen von ihrer nebelhaften Unbestimmtheit, sind aber machtlos gegen Interessen und Marktzwänge. Es ist ein Irrglaube, man könne die Gemeinwohlverträglichkeit von Forschung, Technik und Wirtschaft durch die Förderung privater Tugendhaftigkeit sichern. Der Geschäftsführer eines Chemiewerks mag durch Gespräche mit seinen ökobewegten Töchtern am Abendbrottisch noch so umweltsensibel geworden sein – den Giftmüll seiner Firma wird er trotzdem auf die billigere, nicht auf die ökologisch schonendere Weise entsorgen. Und das ist auch richtig so; der Mann hätte sonst seinen Beruf verfehlt. Als Wirtschaftssubjekt hat er nach der ökonomischen Logik zu handeln. Nicht auf das moralisierende Verwässern dieser Logik kommt es also an, sondern darauf, daß ihre Reichweite durch politische Maßnahmen eingeschränkt wird.

Die grassierende Staatsfeindschaft führt dazu, daß die gesamte Gesellschaft dem freien Spiel der Privatinteressen ausgeliefert, den Spielern aber gleichzeitig angetragen wird, sich aus moralischen Skrupeln und sozialen Rücksichten in Selbstbeschränkung zu üben. Ökonomisierung und Moralisierung gehen Hand in Hand. Man braucht aber kein Gemenge von »Entfesselung« und kompensatorischem Wertebewußtsein, keinen formlosen Wirtschafts- und Gesellschaftsbrei, sondern scharfe Unterscheidungen: Eine freie Wirtschaft und Gesellschaft, denen durch einen ordnenden und regulierenden Staat klare Grenzen gezogen werden. Der umweltbewußte Manager, der um der »Erhaltung der Schöpfung« willen auf Profit verzichtet, ist eine widersinnige Chimäre. Wohl aber ist es möglich, daß dieser Manager die Grünen wählt, die ihm dann demokratisch legitimiert Schadstoffgrenzwerte auferlegen, über die er in seiner Rolle als Unternehmer fluchen wird, die er als Staatsbürger jedoch mitträgt. Ebensowenig kann man von einem Waffenfabrikanten erwarten, daß er den Verkauf von Kriegsgerät in ein Spannungsgebiet oder an ein terroristisches Regime aus Herzensreinheit unterläßt, wenn dieser Handel nicht verboten und die Einhaltung des Verbots wirksam kontrolliert wird. Aber der Fabrikant kann als Wähler eine Außenpolitik ans Ruder bringen, die genau diesen Verzicht erzwingt, den er aus freien Stücken niemals leisten würde.

Das ist keine müßige Konstruktion, sondern eine durchaus reale Möglichkeit; niemand folgt als Wähler ausschließlich seinen im engsten Sinne definierten Privatinteressen, zumal man immer politische »Paketlösungen« wählt, in denen neben persönlich Vorteilhaftem auch Nachteiliges, neben Erleichterungen auch Lasten stecken. Darum ist der

Staat so wichtig: In ihm tritt dem einzelnen das Gemeinwohl als äußere Macht entgegen. Man könnte es mit Hegel eine »List der Vernunft«, eine Selbstüberlistung des egoismusanfälligen Menschen nennen: Die öffentlichen Interessen, die ich als Bürger sehr wohl erkennen und formulieren kann, die im Einzelfall meinem Privatinteresse aber zuwiderlaufen mögen, weswegen ich mich persönlich am liebsten darüber hinwegsetzen würde – im Staat gewinnen sie eine Eigenexistenz und machen ihr Recht gegen das subjektive Belieben geltend.

Daher ist das Starre, Unbewegliche, auch Bürokratische, das dem Staat vorgeworfen wird, in Wahrheit seine größte Stärke. Die Institution ist die Form, in der das Gemeinwohl von der Notwendigkeit befreit wird, in jedem Moment mit den Augenblickswünschen der einzelnen, mit ihrem kurzfristigen Vorteil, übereinzustimmen. So kann die Politik überhaupt erst einen weiteren Horizont gewinnen. Es wird möglich, die Lebensbedürfnisse der Nachgeborenen zu berücksichtigen, von Kindern, Unmündigen oder der stummen Natur, die sich alle im akuten Interessenkampf nicht zu artikulieren und durchzusetzen vermögen. Es wird möglich, Nutzen zu verfolgen, der nicht in Heller und Pfennig auszurechnen ist, wie der Gewinn einer weitblickenden Außenpolitik. Es wird möglich, der Verwirtschaftung und Kommerzialisierung von allem und jedem entgegenzutreten – ein Widerstand, den die selbst durch und durch ökonomisierte Gesellschaft nicht aufzubringen vermag und den der Staat für sie leisten muß, treuhänderisch für seine Bürger.

Das alles klingt ein bißchen nach Gemeinschaftskunde, hat aber sehr konkrete politische Konsequenzen. Nehmen wir das unscheinbare Beispiel eines gesetzlichen Feiertags. Was geschieht da eigentlich? Der Staat verordnet seinen Bürgern eine Unterbrechung des Daseinskampfes, die sie sich sonst aus Angst vor wirtschaftlichen Nachteilen vielleicht nicht leisten würden. Er schützt das gemeinsame Gut der parallelen Lebensrhythmen, auf die Paare, Familien, Freundeskreise und Vereine angewiesen sind, gegen das kurzfristige Interesse am Konkurrenzvorteil, den man etwa durch das Offenhalten des Ladens am Sonntag erzielen würde. Einer oberflächlichen, vulgärliberalen Betrachtung wird das freiheitsfeindlich vorkommen. Was bildet der Staat sich ein, mir vorzuschreiben, wann ich arbeiten und wann ich müßig sein soll? Darin wären sich Guido Westerwelle und Ulrich Beck, der Marktgläubige und der Emanzipationsprophet, wieder einmal einig. Die Feiertagsruhe muß beiden ein Dorn im Auge sein – dem einen als störende Unterbrechung von Maschinenlauf und Einkaufsbummel, dem anderen als bürgerliches Zwangskorsett der Lebensführung; einmal als Standortnachteil also, einmal als Selbstverwirklichungshindernis.

In Wirklichkeit dagegen ist die verordnete Arbeitspause keine Freiheitsbeschränkung, sondern eine Freiheitsgarantie. Sie schirmt die verletzliche Privatsphäre gegen den Außendruck von Leistungsgesellschaft und »Konsumterror« ab, wie eine frühere, vom Triumph des marktwirtschaftlichen Freiheitsbegriffs noch nicht so eingeschüchterte Linke sich ausgedrückt hätte. Daß der ökonomischen oder technologischen Machbarkeit und auch der Selbstausbeutung Grenzen gesetzt werden, ist keine Bevormundung. Freiheit hat nie bedeutet, daß möglichst viel erlaubt ist. Freiheit heißt, daß den herrschenden Mächten einer Zeit Räume abgetrotzt werden, in die sie nicht eindringen dürfen, daß es etwas Unverfügbares gibt. Früher einmal, als der Kampf um Toleranz und Menschenrechte ging, waren diese herrschenden Mächte die Kirche oder die Regierung. Heute ist es die Wirtschaft. Nebenbei bemerkt: Die Abschaffung des Buß- und Bettags zur Finanzierung der Pflegeversicherung war ein geradezu klassisches Symbol für die herrschende Irrlehre vom Sozialen und von der Rolle des Staates bei seiner Verwirklichung. Ein kleines kalendarisches Denkmal des Nichtökonomischen, des Nutzlosen im besten Sinne wurde abgetragen und in den himmelwärts wachsenden babylonischen Turm des Wohlstands- und Wohlfahrtsglaubens hineinverbaut, der vor dem Zusammenbruch steht.

Wer den Staat als Gefahr für die Freiheit ansieht und darum zurückdrängen will, sucht den Feind längst an der falschen Front. »Die Bedrohung der Freiheit in der modernen Gesellschaft«, hat Hannah Arendt einmal bemerkt, »kommt nicht vom Staat, wie der Liberalismus annimmt, sondern von der Gesellschaft« selbst. Sie ist es, die den einzelnen durch fortschreitende Atomisierung zu einem immer einförmigeren Sozialkiesel glattschleift, der von der Flut des Marktes zunehmend widerstandslos hin- und hergespült wird. Wer sich da von staatlicher Bevormundung restlos emanzipieren will, wird am Ende sogar mit seiner nackten Existenz zur Disposition des Kosten-Nutzen-Kalküls stehen.

Immer lauter erhebt sich auch in der Bundesrepublik der Ruf nach einer Legalisierung der Euthanasie, der »aktiven Sterbehilfe«. Warum, so fragt der vulgärliberale Common sense, soll ein Todkranker nicht nach der erlösenden Todesspritze verlangen dürfen, warum soll der Arzt sie ihm verweigern? Wie kommt der Staat dazu, seine Bürger zum Aushalten unerträglicher Schmerzen zu zwingen? Wäre das nicht die Krönung der Selbstbestimmung – der selbstbestimmte Tod? Aber das ist wieder ein Kurzschluß. Das Individuum wird an der totalen Selbstbestimmung nicht lange seine Freude haben. Ist das Tötungsverbot erst einmal gefallen, so wird das Kollektiv, geplagt von Überalterung und stranguliert von steigenden Gesundheitskosten, seinerseits die Daumenschrauben anziehen und die Alten und Kranken zur Selbstbeseitigung drängen. Als nutzlose Esser, als Last für Familien und Klinikpersonal werden sie unter Druck geraten, von der Möglichkeit des freigewählten Sterbens nun gefälligst auch Gebrauch zu machen.

Am Beispiel der Niederlande kann man studieren, wie die Duldung der Euthanasie nicht etwa den einzelnen zugute kommt, sondern die ganze Gesellschaft auf die abschüssige Bahn in eine, wie Papst Johannes Paul II. formuliert hat, »Zivilisation des Todes« bringt. Längst sind es dort nicht mehr nur unerträgliche Schmerzen, die mit der Giftspritze beendet werden, sondern auch das ganz gewöhnliche Alterssiechtum oder schwere Depressionen. Die Euthanasie ist zu einer alltäglichen Todesursache geworden. Das mag im einzelnen noch so »freiwillig« vonstatten gehen, insgesamt entsteht ein Klima, in dem sich rechtfertigen muß, wer trotz Krankheit und Pflegebedürftigkeit weiterleben will. Die Abschaffung des Leidens wird zur Abschaffung der Leidenden. Auf dem Gipfelpunkt des liberalen Selbstbestimmungsglaubens kommt so die »Vernichtung lebensunwerten Lebens« wieder auf die Tagesordnung, die man zu Unrecht für ein schreckliches Spezifikum des Nationalsozialismus hält. Die vermeintliche Emanzipation schlägt in einen Normalitäts- und Gesundheitsterror um, in dem die Schwachen, Nutzlosen, Funktions- und Leistungsuntüchtigen um ihre Existenz fürchten müssen. Es fällt nicht schwer, auch in dieser Perversion des Leistungsprinzips die Gesetze des Marktes zu erkennen. Indem der Staat das Leben schützt, im Extremfall sogar gegen den Willen des Lebenden, stellt er sich einem Sozialdarwinismus entgegen, der alles bisher gekannte Manchestertum übertrifft, weil »the survival of the fittest« nun wirklich zu einer Überlebensfrage, zu einer Frage von Leben und Tod wird.

Emanzipationsvorgänge sind immer Nullsummenspiele. Als Luther sich der Oberhoheit des Papstes entzog, bezahlte er das mit der Unterwerfung des Protestantismus unter die deutschen Duodezfürsten. Wer der stickigen Sozialkontrolle von Dorf und Großfamilie entgehen will, muß sich zur Bittstellerei bei einer anonymen Wohlfahrtsbürokratie bequemen. Wer Schutz vor einem ausbeuterischen Arbeitgeber sucht, hat sich der Gewerkschaftsdisziplin unterzuordnen, wem hingegen die Gewerkschaftssolidarität lästig wird, der wird sich wieder tiefer in die Botmäßigkeit seines Unternehmens begeben müssen. Es gibt keine rückstandsfreie Auflösung von Abhängigkeiten, sondern immer nur die Ersetzung der einen durch eine andere. Darum ist es so töricht, wenn die Propagandisten des Slogans »Weniger Staat!« meinen, das heiße soviel wie: »Mehr Freiheit!« Es heißt in Wahrheit bloß: »Mehr Wirtschaft!« Freiheit wird nicht durch den Abbau von Autoritäten gewonnen, sondern durch ihr wechselseitiges In-Schach-Halten, durch Gewaltenteilung, die dem Individuum Spielräume eröffnet. Es ist besser, zwei Herren zu dienen als einem: Die Loyalität nämlich, die man dem einen schuldet, kann man dem anderen verweigern, und umgekehrt. Keinem Herrn zu dienen, wie der moderne Emanzipationsglaube uns weismachen will, ist unmöglich; es bedeutet nur, daß undurchschaute Gehorsamsverhältnisse an die Stelle von sichtbaren treten. Wie aber steht es um die Machtbalance von Staat und Wirtschaft in unserer Welt? Die Antwort kann nicht zweifelhaft sein: Man müßte blind sein, um die Übermacht des Ökonomischen zu verkennen. Wer ein realistisches Bild von der Rangordnung zwischen Staat und Wirtschaft, von öffentlicher Knappheit und privatem Reichtum gewinnen will, braucht nur einmal die Schäbigkeit eines Polizeireviers, einer Bundeswehrkaserne oder eines Klassenzimmers mit dem Büroschick der ganz normalen Bankfiliale an der nächsten Straßenecke zu vergleichen. Auf die richtige Balance zwischen Staat und Wirtschaft kommt es an. Und so, wie die Gewichte bei uns verteilt sind, darf man aus der Waagschale des Staates nichts herausnehmen, man muß eher noch etwas hinzutun.

9 | Parteienherrschaft und Verfassungsreform

Der Leser wird sich längst gefragt haben, was unsere Verteidigung des Staates eigentlich mit der kümmerlichen Staatswirklichkeit der Bundesrepublik zu tun hat. Im Augenblick ist das Land nicht gerade in einem Zustand, der zu idealen Betrachtungen Anlaß gibt. Der Staat wird weithin mit der Parteienherrschaft identifiziert, und das Ansehen der Parteien ist unter dem Eindruck des »Reformstaus« dramatisch verfallen. Es breitet sich das Gefühl aus, die Politik funktioniere nicht mehr richtig – keineswegs nur, weil einzelne Politiker untüchtig oder ohne Sinn für das Gemeinwohl wären, sondern weil am ganzen System etwas nicht stimmt. Diese Stimmung ist weit bedrohlicher als bei früheren Anfällen von Partei- oder Politikverdrossenheit. Damals blieb die Unzufriedenheit ein Luxusphänomen, mehr ästhetischer Natur; es war kein Zufall, daß ein politischer Stilkünstler wie Richard von Weizsäcker sich zu ihrem Sprecher machte. Im Grunde hatte man die Gewißheit, daß auch eine noch so schlechte Politik bei einer eigentlich stabilen Gesamtlage keinen ernsthaften Schaden anrichten konnte. Außerdem gab es bisher immer Ausweichmöglichkeiten: die Apo, später Bürgerinitiativen und die Grünen, für frustrierte Rechte die »Republikaner«. Auf einmal aber ist wirklicher Druck da, und es fehlen die Ventile. Der Staatskessel, von den Parteien luftdicht verschlossen, könnte, so scheint es, explodieren.

Denn Helmut Kohl hatte in den überlangen Jahren seines Regiments einen Regierungsstil entwickelt, der die

Konturen der Staatsordnung verwischt. Der alte Kanzler liebte die klaren Formen nicht, er zog das Halbdunkel persönlicher Loyalitäts- und Abhängigkeitsverhältnisse vor. Daher die vielen »Freundschaften« und Duz-Gemütlichkeiten in der Außenpolitik, daher die Errichtung eines innenpolitischen Herrschaftsgebäudes aus Klebstoff und Filz. Entscheidend war, nach einem bekannten Kohl-Wort, was hinten »rauskommt«.

Unter anderem ist die deutsche Wiedervereinigung dabei herausgekommen, das soll man nicht vergessen. Kommt aber, wie gegenwärtig, nichts mehr heraus, so zeigt sich auf einmal, daß die reguläre Staatsmaschinerie vernachlässigt und verschlissen ist, daß das persönliche Regiment des Ex-Kanzlers politisch verbrannte Erde hinterlassen hat. Das war schon nach Adenauer so und vorher nach Bismarck. Der Freiburger Politologe Wilhelm Hennis hat in einer erbitterten Polemik dargelegt, wie unter Kohl die Verfassungsinstitutionen und deren Verantwortlichkeit ausgehöhlt worden sind. Statt daß die Regierung, wie es guter konstitutioneller Brauch wäre, die Politik bestimmt und das Parlament sie überwacht, das Parlament die Gesetze beschließt und die Regierung sie umsetzt, wurde alles im kleinen Kreis der Partei- und Fraktionsvorsitzenden der Koalitionspartner ausgekungelt. So verlor das Kabinett die Initiative und der Bundestag die Kontrollmöglichkeit, weil alle immer schon irgendwie eingebunden waren; die Gewaltenteilung war faktisch aufgehoben.

Auch die Richtlinienkompetenz des Bundeskanzlers hat sich in der Ära Kohl aufgelöst. Seine Macht gründete auf dem Parteivorsitz, auf der Herrschaft über die CDU; weiter reicht sie aber auch nicht, mit den Chefs der anderen Koalitionsparteien konnte er nur von gleich zu gleich verkehren. Kohl vermochte es nicht, seinen Finanzminister Waigel, der sich im Sommer 1997 mit dem Eingeständnis von Amtsmüdigkeit unmöglich gemacht und mit der öffentlichen Forderung nach einer Regierungsumbildung die Autorität des Kanzlers in Frage gestellt hatte, zu entlassen – über den CSU-Vorsitzenden hat der CDU-Chef keine Macht. Er konnte ihm aber auch das gewünschte Außenministerium nicht geben – über die Kabinettssitze der FDP hatte er ebenfalls keine Macht. Politische Führung wird unter solchen Umständen unmöglich. Die Regierungspraxis der Bundesrepublik erinnerte zu diesem Zeitpunkt bedenklich an die italienische vor dem großen Knall der Mailänder Korruptionsprozesse – nicht weil sie von Unregelmäßigkeiten geprägt war, sondern weil sie auf einem Absprachekartell der Parteiführungen beruhte. Wie schnell ein solches, für ewig gehaltenes System zusammenbrechen kann, hat das römische Beispiel gelehrt. Immobilität ist nicht gleich Stabilität.

Die Parteien haben die politische Macht an sich gezogen, wissen sie jedoch, anders als in den erfolgreichen Jahren des Landes, nicht mehr recht zu gebrauchen. Ihr Monopol ist stark genug geblieben, um politische Alternativen zu verhindern, hat aber die Entstehung von Alternativen neben der Politik provoziert: Daß »die Wirtschaft« nicht nur ein solcher Machtfaktor, sondern für viele Politikverdrossene geradezu ein Hoffnungsträger geworden ist, hängt nicht zuletzt mit dem Mißkredit zusammen, in den die Parteien den von ihnen dominierten Staat gebracht haben. Wenn die Verwaltung etwa nicht mehr als sichere Bastion ungetrübter Objektivität gilt, sondern als parteipolitische Pfründe, dann darf man sich nicht wundern, daß die Bürger sich mit ihrem Bedürfnis nach Sachlichkeit bei der streng effizienzorientierten Wirtschaft besser aufgehoben fühlen. Kein gutgeführtes Unternehmen würde auf die Idee kommen, seinen Vorstand aus Proporzrücksichten umzubilden, wenn ein Mitglied wegen des Wegfalls seines Geschäftsbereichs ausgeschieden ist. Der frühere Bundeskanzler aber mußte nach dem Abgang des christsozialen

Postministers Bötsch, der sich durch die Privatisierung seines Amtsbereichs plangemäß überflüssig gemacht hatte, die CSU mit einem anderen Kabinettsposten entschädigen. Da ist es begreiflich, wenn die Leute am Staat verzweifeln und ihr Heil bei der Wirtschaft suchen, Politikverfall und Ökonomisierung treiben einander wechselseitig hoch. Ein besonders augenfälliges Beispiel für die ungute Dialektik von parteipolitischer Verbonzungskrankheit und der nicht weniger problematischen Therapie durch die Marktkräfte bieten die elektronischen Medien: Während die öffentlich-rechtlichen Rundfunkanstalten von den Parteien und den parteiähnlich organisierten »gesellschaftlich relevanten Gruppen« wie Gewerkschaften, Unternehmerverbänden und Großkirchen bis zur Lächerlichkeit paralysiert sind, hat sich an ihnen vorbei der reine Kommerz des Privatfernsehens Bahn gebrochen.

Will man nicht bloß lamentieren und moralisieren oder sich ganz in die Arme der Ökonomie werfen, so muß man das Parteienproblem nüchtern-technisch angehen, von der Mechanik des politischen Systems her. Die fruchtlose »Verfassungsdiskussion«, die eine Handvoll Intellektueller nach der Wiedervereinigung anzustoßen versuchte, krankte von Anfang an daran, daß sie sich nicht auf die Funktionsmechanismen der Staatsordnung konzentrierte, sondern aus dem Grundgesetz ein Programm gesellschaftlichen Fortschritts machen wollte. Dieser Katalog progressiver Wünschbarkeiten, vom Recht auf Arbeit bis zur Frauenquote, sollte Verfassungsrang bekommen, weil sich die Reformer ganz zu Recht zu schwach fühlten, sie auf dem Wege normaler Politik durchzusetzen. Dergleichen Gutartigkeiten haben in einer Verfassung nichts zu suchen; dagegen wäre die Beschneidung der Parteienmacht eine sinnvolle konstitutionelle Maßnahme. Es gibt letztlich nur zwei Kunstgriffe, mit denen sich das bewerkstelligen ließe, ohne daß Demokratie und Verfassungsstaatlichkeit dabei angetastet würden: die Umstellung auf das Mehrheitswahlrecht und die Einführung von Plebisziten. Publizistische Dauerherausforderer der »politischen Klasse« wie der unermüdliche »Parteienkritiker« Hans Herbert von Arnim, der sich zu einer Art Ein-Mann-Apo entwickelt hat, setzen auf diese Lösungsvorschläge große Hoffnungen. Aber Mehrheitswahlrecht und Plebiszit sind ganz unterschiedlich zu beurteilen.

Mehrheitswahlrecht heißt: Abgeordneter wird, wer in seinem Wahlkreis die meisten Stimmen erhält; kein anderer Weg führt ins Parlament. Insbesondere gibt es, anders als beim Verhältniswahlrecht, keine Listen der Parteien, von denen eine bestimmte Anzahl von Kandidaten – je nach den auf die Parteien entfallenen Stimmenanteilen – ins Parlament einrückt. Ein nach dem Mehrheitswahlrecht zusammengesetztes Parlament spiegelt nicht, wie etwa der nach Verhältniswahlrecht, nämlich nach den Zweitstimmenanteilen, in Fraktionen zerfallende Deutsche Bundestag, die politische Kräfteverteilung in der Bevölkerung wider: Stimmen für einen unterlegenen Wahlkreiskandidaten fallen beim Mehrheitswahlrecht einfach unter den Tisch.

Die Parteien kommen deshalb zunächst nur soweit in Betracht, als sie die Kandidaten aufstellen. Ins Parlament dringen sie erst dann vor, wenn sie diese Kandidaten auch durchbringen. Politisch überlebensfähig sind daher ausschließlich solche Parteien, deren Politik und deren Politiker zumindest relative Mehrheiten finden können, Großparteien also; für die Kleinen ist das Mehrheitswahlrecht tödlich. Es hat eine natürliche Tendenz zum Zweiparteiensystem, und Großbritannien ist der klassische Fall. Das Mehrheitswahlrecht stellt vor klare Alternativen und schafft klare Verhältnisse: Bei zwei Parteien hat die Gewinnerin der meisten Wahlkreise automatisch die absolute Mehrheit im Parlament. Koalitionsregierungen mit den entsprechenden Kompromißzwängen kommen nicht vor. Das System stärkt die Abgeordneten im Verhältnis zu den Parteiapparaten (die Parteien können es sich nicht leisten, populäre Kandidaten aus dem Verkehr zu ziehen oder abzustrafen) und macht sie dafür von ihren direkten Wählern abhängig (Versager vor Ort können nicht hoffen, sich über die Liste doch noch ins Parlament zu mogeln).

Das Mehrheitswahlrecht hat in der Bundesrepublik immer Anhänger gehabt, und zwar zwei Sorten. Da sind einmal Politiker der Volksparteien, von Union und SPD, die das Rücksichtnehmen auf die FDP satt haben. Sie wollen mit dem Mehrheitswahlrecht die Liberalen vernichten und ein Zweiparteiensystem etablieren. In der Großen Koalition seit 1966 war es einmal schon beinahe soweit. Union und SPD hatten sich die gemeinsame Erledigung der dritten Partei vorgenommen; dann freilich regte sich die Ahnung, daß man sie noch einmal brauchen werde, das rettete der FDP knapp das Leben. Helmut Schmidt trauert dem damals mißglückten Anschlag noch immer nach. Die zweite Gruppe von Wahlrechtsänderern besteht aus Englandschwärmern und Parlamentarismusromantikern, die sich für das schneidend schöne Entweder-Oder begeistern, für scharfe Gegensätze und harte Entscheidungen statt der bundesdeutschen Proporzwattigkeit, für mehr Bürgereinfluß und politische Talentauslese durch die reine Personenwahl. Neuerdings scheint noch Hans-Olaf Henkel hinzugekommen zu sein, dem das Verhältniswahlrecht mit seinen knappen Regierungsmehrheiten und Koalitionskompromissen nicht schnell und reibungslos genug arbeitet, dem es zu unwirtschaftlich ist.

Schon diese merkwürdige Koalition seiner Freunde müßte das Mehrheitswahlrecht verdächtig machen. Tatsächlich ist seine Installierung in der Bundesrepublik eine politische Schnapsidee. Sie ist freilich unausrottbar und wird bei jeder inneren Krise wieder hervorgeholt. Im

Augenblick erscheint sie vielen als Heilmittel gegen das Krebsübel der Parteienoligarchie. Denn die Durchwucherung der Gesellschaft mit Parteistrukturen und Parteiinteressen hängt in der Tat unmittelbar mit dem Verhältniswahlrecht zusammen. Das nach Verhältniswahlrecht aufgefächerte Parlament ist das Urbild aller jener Proporzgremien, von denen die Bundesrepublik verwaltet wird, das Weltenei, aus dem sie geschlüpft sind, von der Kirchensynode bis zum Rundfunkrat. Und auch in der Politik im engeren Sinne gibt das Verhältniswahlrecht den Parteien alle Trümpfe in die Hand: von der Steuerung der Abgeordnetenkarrieren durch die Landesliste bis zur Bestimmung des Regierungskurses durch die Parteiführungen, die sich in den unvermeidlichen »Koalitionsrunden« abspielt. Das Mehrheitswahlrecht würde mit diesen Unsitten aufräumen.

Trotzdem ist es in der Bundesrepublik ein Ding der Unmöglichkeit. Ein nach dem Mehrheitswahlrecht zusammengesetztes Parlament, das kein Meinungsbild der Bevölkerung ist, sondern eine Beschlußmaschine, würde von den Deutschen mit Sicherheit als ungerecht empfunden; es würde den Rest an Vertrauen in das politische System zuverlässig ruinieren. Daß eine Partei, die landesweit vielleicht vierzig Prozent der Stimmen gewonnen hat, also in der Minderheit geblieben ist, durch den Gewinn der meisten Wahlkreise im Bundestag eine Zweidrittelmehrheit erobern könnte – das würde niemals akzeptiert werden. Ob es einem nun paßt oder nicht: Nicht das Entscheiden, sondern das Vermitteln und Austarieren entspricht, wie jedermann weiß, der politischen Seelenverfassung der Deutschen. Der vielbeklagte Proporz, das Alle-Einbeziehen, die Neigung zu Runden Tischen und Konzertierten Aktionen – das alles gibt es hierzulande nun einmal, und das Verhältniswahlrecht ist lediglich sein staatsrechtlicher Ausdruck. Die Repräsentation sämtlicher Strömungen und

Gruppen in der Volksvertretung ist den Deutschen wichtiger als die ästhetisch reine Konfrontation samt fallbeilsauberer Dezision. Sie sind zwar für kraftvolles Regieren, aber das suchen sie eben bei der Regierung, nicht beim Parlament, das sie wenig kümmert. Nicht ein unterhausmäßig allmächtiger und entscheidungsfähiger Bundestag ist nach deutschem Geschmack, es ist die Kanzlerdemokratie. Versagt sie, so wird nicht etwa ein Parlamentarismus nach britischer Spielart interessant, sondern das Präsidialsystem.

Indessen braucht es hier gar keine Spekulationen über politische Nationalcharaktere. Das Mehrheitswahlrecht widerspricht zu offensichtlich dem bundesdeutschen Bürgerwillen, wie sich an den Wahlergebnissen der Volksparteien zeigt. Die Wähler haben Union und SPD in den achtziger Jahren nicht etwa gestärkt und so ihre Sympathien für ein Zweiparteiensystem gezeigt, im Gegenteil. Die Großen haben massiv verloren, die Kleinen haben sich trotz aller Hängepartien bislang behauptet (im Fall der FDP) oder überhaupt erst etabliert (die Grünen). Keine Partei kann heute von einer absoluten Mehrheit im Bund auch nur träumen; keine ist daher politisch-moralisch irgendwie legitimiert, ein Mehrheitswahlrecht zu fordern. In der gegenwärtigen Lage wäre es nur ein Trick, um den schwindsüchtigen Großparteien auf juristischem Wege eine institutionelle Stärke zu verschaffen, die sie politisch gar nicht besitzen und die die Wähler ihnen offenkundig vorenthalten wollen. Die Einführung des Mehrheitswahlrechts wäre ein Staatsstreich der Volksparteien. Was das Parteiensystem nötig hat, ist nicht die künstliche Herstellung absoluter Parlamentsmehrheiten für Christ- oder Sozialdemokratie, sondern mehr Phantasie und Beweglichkeit bei den Koalitionskombinationen. Aber das ist keine Frage des Wahlrechts oder der Verfassungspolitik, es findet ganz auf der Ebene des politischen Alltags statt.

Anders als mit dem Mehrheitswahlrecht steht es mit dem Plebiszit, mit der unmittelbaren Entscheidung des Volkes in wichtigen politischen Angelegenheiten. Im Grundgesetz ist die ungefilterte Volksmitsprache fast völlig ausgeschaltet: keine Direktwahl des Präsidenten, keine Volksinitiativen, Volksbegehren und Volksentscheide. Das soll, wie es immer heißt, eine der »Lehren aus Weimar« sein, die die Verfassungsväter gezogen hätten. Sie gilt aber höchstens insofern, als der antiplebiszitäre Affekt des Grundgesetzes ein im Jahr 1949 begreifliches allgemeines Mißtrauen gegen das eigene Volk verrät. Eine konkrete Folgerung aus dem konkreten Schicksal der Weimarer Republik hingegen ist sie nicht – anders als etwa das konstruktive Mißtrauensvotum, das den Kanzlersturz nur bei Vorhandensein einer alternativen Regierungsmehrheit erlaubt, oder das Parteienverbot durch das Bundesverfassungsgericht. Die Schwäche der Kabinette und die Stärke der Extremisten sind echte Probleme der Weimarer Republik gewesen, deren Wiederkehr durch entsprechende Regelungen des Grundgesetzes verhindert werden sollte und auch verhindert worden ist. Dagegen hat kein Plebiszit wirklich etwas zum Untergang von Weimar beigetragen; auch nicht die Volkswahlen des Reichspräsidenten, die immerhin vernünftigere und stabilere Ergebnisse gezeitigt haben als die häufigen Reichstagswahlen.

Eine spezielle Abneigung gegen das verfassungsrechtliche Institut des Plebiszits läßt sich aus der Erfahrung der Zwischenkriegszeit also nicht begründen. Und was das generelle Mißtrauen gegen die politische Reife und Urteilsfähigkeit der Bevölkerung anbelangt: Nach fünfzig Jahren Bundesrepublik hat es an Überzeugungskraft erheblich eingebüßt. Heute ist es kein ehrlicher Schrecken vor den totalitären Abgründen der Deutschen mehr, der die Puristen der indirekten Demokratie, des reinen Repräsentativsystems umtreibt. Es ist vor allem die egoistische Einfallslosigkeit der Parteien, die sich an die politische Macht gewöhnt haben und sie mit niemandem teilen wollen. Dazu kommen die Bequemlichkeit und der Hochmut von Technokraten, die sich bei ihren Planungen nicht vom beschränkten Laienverstand stören lassen möchten; sie halten, siehe Maastricht und Euro, die moderne Politik für zu kompliziert, als daß sich das Volk mit ihr befassen könne. Das ist auch die Auffassung von Wirtschaftsführern, besonders aus Banken und Großindustrie, die dem Volk nicht zutrauen, in den globalen Dimensionen des weltweiten Standortwettbewerbs zu denken und schmerzhafte Reformen auf sich zu nehmen. Das Beispiel der Schweiz zeigt, daß die direkte Demokratie eher konservativ ist, nicht nur gesellschaftspolitisch, sondern auch, wenn es um Liberalisierung und Deregulierung geht. Nur ist das, anders als die Unternehmerverbände meinen, gerade kein Nachteil plebiszitärer Verfassungselemente, es ist vielmehr eine ihrer größten Stärken. In einer Zeit, da die Wirtschaft der Motor der Entwicklung ist, muß die Politik die Bremse sein. Der überdrehte Ökonomismus der Gegenwart macht die Langsamkeit einer Bevölkerung, die erst einmal überzeugt sein will, zur politischen Tugend.

Die Einführung von Plebisziten – nicht nur in Ländern und Gemeinden, wo es um wenig geht, sondern auch im Bund – würde eine unbestimmte plebiszitäre Tendenz, die ohnehin zu spüren ist, in feste verfassungsmäßige Formen gießen. Die Bundesrepublik hat in den vergangenen Jahren einige Ausbrüche politischer Basis-Energie erlebt, auf die sie schlecht vorbereitet war. Die Mobilisierung der Öffentlichkeit gegen die Versenkung der Ölplattform »Brent Spar« im Jahr 1995, angestoßen durch die ökologische Kaderavantgarde von Greenpeace und ins Werk gesetzt von den Medien, war ein Vorgeschmack auf die »wilden«, irregulären Plebiszite, mit denen man rechnen muß, wenn die Spontaneität der Massen nicht in konstitutionelle Bahnen geleitet wird. Wie sinnvoll die Aktion für die Umwelt auch immer gewesen sein mag – es war doch unheimlich, wie hilflos die offizielle Politik sich im Umgang damit zeigte. Die Minister, die ihre Fuhrparks anwiesen, sich am Boykott der Shell-Tankstellen zu beteiligen, handelten nicht mehr als verantwortliche Regierungsmitglieder, sondern bloß noch als Ausführungsorgane einer erregten Kollektivseele. Der bayerische Volksaufstand gegen das Kruzifix-Urteil des Bundesverfassungsgerichts im selben Jahr war das zweite eindrückliche Beispiel für dieses Überspültwerden der Institutionen, der formalen Legalität, durch eine politische Gefühlsaufwallung. Und daß die Wirkung der Fernsehaufnahmen aus Kriegsgebieten wie Somalia, Bosnien und dem Kosovo für die Durchsetzbarkeit von Auslandseinsätzen der Bundeswehr viel entscheidender ist als jedes rationale außenpolitische Kalkül, ist ebenfalls kein Geheimnis. Solche medial-moralischen Stimmungseinflüsse sind etwas ganz anderes als die gute alte »öffentliche Meinung« des bürgerlichen Zeitalters, die »vierte Gewalt«, ausgeübt von einer vernünftig räsonierenden Presse. Es sind vielmehr informelle plebiszitäre Elemente in der politischen Wirklichkeit, die aber in der geschriebenen Verfassung keine Entsprechung finden. Das Volk spielt irgendwie mit, aber nicht nach den Regeln des politischen Systems. Dadurch fehlt seiner Beteiligung das notwendige Korrelat der Macht, nämlich die Verantwortlichkeit. Das Volk tritt nur atmosphärisch in Erscheinung, als eine Art Wetterlage, und bloß punktuell, im Ausnahmezustand moralischer Hochspannung, in dem es sich besonders leicht manipulieren läßt.

Die Einführung wirklicher Plebiszite würde dagegen der Populismusgefahr entgegenwirken. Sie würde die Bürger zu konkreten Entscheidungen ermächtigen, für die sie dann auch die konkrete Verantwortung zu übernehmen hätten – gewissermaßen eine Etablierung des Verursacherprinzips in der modernen Massengesellschaft. Das bequeme Schimpfen auf »die da oben«, die unvermeidliche Kehrseite der Entmündigung durch das konsequente Repräsentativsystem, fiele weniger leicht. Und neben die unterschwellige Dauerpolitisierung durch die Mediengesellschaft, die natürlich nicht verschwinden würde, könnte fallweise eine echte Politisierung am einzelnen Entscheidungsgegenstand treten. Man macht sich viel zu selten klar, daß das Fernsehzeitalter für die Demokratie eine wirkliche Herausforderung darstellt, der man nicht allein mit der Aufstellung telegener, pseudocharismatischer Führungspersönlichkeiten aus der Meinungsforschungsretorte, ausgewählt nach dem Verlauf ihrer Popularitätskurve, begegnen kann. Es kommt darauf an, das diffuse Interesse von jedermann an allem möglichen, das die elektronischen Medien wecken, politisch zu bündeln und in eine neue Aktivierung der Bürgerschaft umzusetzen, in eine zeitgemäße Form demokratischer Teilhabe und zivilen Engagements. Hier schlummern beängstigende Potentiale für geschickte Demagogen, aber auch ungeahnte Chancen für die Besitzergreifung des Staates durch seine Bürger. Und weil der Staat damit seinen Bürgern etwas bieten kann, was der Markt nicht zu bieten hat, ist die Stärkung der direkten Demokratie auch das beste Mittel für seine Selbstbehauptung gegen eine sonst allmächtige Wirtschaft.

Hätte man etwa die Hauptstadtfrage »Bonn oder Berlin?« zum Gegenstand einer Volksabstimmung gemacht, so wäre, bei der Wir-geben-nichts-Mentalität der westdeutschen Bevölkerungsmehrheit, wahrscheinlich Bonn als Siegerin daraus hervorgegangen. Vielleicht aber auch nicht – die Wähler sind immer für eine Überraschung gut. Auf jeden Fall jedoch hätte sich die ganze Nation zu ihrer plötzlich eingetretenen neuen Lage bewußt verhalten müssen, hätte an einem überschaubaren Beispiel debattiert, was die Einheit ihr wert ist, was Westbindung und was gesamtdeutsche Solidarität bedeuten, hätte sich über das Gewicht der Frage »Was kostet uns das?« Klarheit verschaffen können, wenn in der anderen Waagschale historische Versprechungen, Traditionen und Symbole liegen. So gute Gelegenheiten für die Wiederentdeckung des Politischen durch das Plebiszit wird es nicht alle Tage geben. Aber an Gegenständen, die polarisierend und faßlich genug für einen Volksentscheid sind, fehlt es auch sonst nicht, auch die Direktwahl des Bundespräsidenten sollte kein Tabu sein; diktatorische Versuchungen werden bei den vom Grundgesetz knapp bemessenen Kompetenzen seines Amtes daraus nicht entstehen.

Deutschland hat mit der Wiedervereinigung seine äußere Souveränität zurückgewonnen, es ist aus der Vormundschaft der Siegermächte des Zweiten Weltkriegs entlassen worden. Die Bundesrepublik hat von der neuen Selbständigkeit bislang keinen schlechten Gebrauch gemacht, jedenfalls keinen, der irgendein Mißtrauen gegen ihren Friedenswillen und ihre Friedensfähigkeit rechtfertigen würde. Es ist an der Zeit, diese äußere Normalisierung durch eine innere zu ergänzen und auch den Souverän des nunmehr souveränen Staates, seine Bevölkerung, aus einer verfassungsmäßigen Sicherungsverwahrung zu befreien, die ein halbes Jahrhundert nach Kriegsende nicht mehr am Platz ist. Die Risiken, die aus der Öffnung des Grundgesetzes für plebiszitäre Elemente erwachsen könnten, sind bloße Phantasiegefahren, der demokratische Gewinn dagegen wäre groß.

10 Koalitionen der Zukunft

Die politische Wirklichkeit der Bundesrepublik wird Ende der neunziger Jahre noch immer von einer strategischen Idee aus den achtziger Jahren bestimmt, von der »Lagertheorie« des damaligen CDU-Generalsekretärs Heiner Geißler. Die Geißler-Doktrin besagte, daß auf absehbare Zeit zwei festgefügte Parteigruppen einander gegenüberstehen würden, Union und FDP gegen SPD und Grüne, ein Mitte-Rechts- und ein Mitte-Links-Block. Die Lagertheorie war seinerzeit etwas durchaus Neues und Originelles. Sie zog die Konsequenz aus der dauerhaften Etablierung der Grünen und der Entstehung eines Vierparteiensystems, das absolute Mehrheiten der beiden Großen illusorisch machte, der SPD einen neuen Koalitionspartner verschaffte und im Gegenzug die Liberalen alternativlos an die Union band. Für die CDU/CSU wiederum bedeutete das ein überragendes Interesse an der Weiterexistenz der FDP, die notfalls durch Leihstimmen, durch eine Art Wählertransfusion, am Leben zu erhalten war.

Die Lagertheorie war und blieb die Grundformel für die Herrschaft Helmut Kohls, das Rezept jedes Kohl-Wahlkampfs, auch desjenigen von 1998, seines letzten. Kohl, und nur Kohl, garantierte der FDP fortdauernde Rücksichtnahme bis an die Grenze zur Selbstaufgabe der Union; Kohl allein, mit seinem noch ganz Adenauerschen Bauchgefühl, daß die Roten und Halbroten, die »Sozen«, eigentlich nicht zur anständigen Gesellschaft gehören, konnte halbwegs glaubwürdig eine Polarisierung zwischen den Bürgerlichen und der Linken verkörpern. Ein leichter Fünfziger-Jahre-Hautgout war dabei nicht zu verkennen; der Lagerwahlkampf von rechts hatte etwas von Beschwörung der »roten Gefahr«, vom »alle Wege des Sozialismus führen nach Moskau«, was sich Ende der Neunziger reichlich anachronistisch ausnahm. Darum war die PDS für die Kohl-CDU ein wahres Gottesgeschenk; ihr Dasein gab und gibt der verjährten Frontstellung des Kalten Krieges noch einmal den Schein von Aktualität. Lange wird das allerdings nicht mehr vorhalten.

Stoff für eine zeitgemäße Polarisierung, für eine echte Konfrontation gäbe es zwar: Der Gegensatz von Markt und Staat, von Wirtschaftsdynamik und sozialer Sicherheit, von amerikanischem und »rheinischem« Gesellschaftsmodell hat das Zeug zu einer tiefen, vielleicht feindseligen, auf jeden Fall sachlich belangvollen Spaltung der öffentlichen Meinung. Nur konnte Kohl einen solchen marktradikalen Lagerwahlkampf am allerwenigsten führen; er wäre eine reine FDP-Kampagne gewesen, während Kohl in Sachen Wohlfahrtsstaat letztlich noch immer konsens- und kompromißorientiert dachte, mit einer gewissen Anhänglichkeit an Restbestände der katholischen Soziallehre, als Adenauer-Enkel auch in diesem Punkt gut »rheinisch«. Seine langdauernde Schicksalsgemeinschaft mit Norbert Blüm war das Symbol dafür. Kohl konnte wohl nach guter Hausväterart zu mehr Fleiß und größerer Bescheidenheit aufrufen, aber diese patriarchalische Leistung-muß-sich-wieder-lohnen-Biederkeit war und ist ganz etwas anderes als die beinharte Staatsfeindlichkeit à la Henkel und Westerwelle. Von links läßt sich der Antagonismus Markt – Staat vielleicht noch eher zur Massenmobilisierung nutzen, Ex-Finanzminister Oskar Lafontaines kapitalismuskritische Rhetorik lebt davon. Aber der alte Klassenkampf mit schwieliger Arbeiterfaust ist genauso vorbei wie der Kalte Krieg. Die Grünen als moderne Großstadt- und Regierungspartei werden für seine Wiederaufnahme so wenig zur Verfügung stehen wie Bundeskanzler Schröder. So wurde vor der Bundestagswahl im September 1998 noch einmal Aufstellung in einem politischen Gelände genommen, das es eigentlich gar nicht mehr gab. Nach dem Wahlsieg von SPD und Grünen zeigt sich, daß Rot-Grün, in jahrelangem Wartestand schon vor seiner bundesweiten Erprobung eigentümlich ausgelaugt, als ewig aufgeschobene und endlos zerredete Daueralternative kaum weniger langweilig ist als die erschöpfte Vorgängerregierung.

Das Block- und Lagerdenken, in den achtziger Jahren unvermeidlich, ist Ende der Neunziger zur Last geworden – ein Auslaufmodell, das aber besinnungslos weiter gefertigt wird und so das Freiwerden der politischen Produktionsstrecke für neue Typen verhindert. Als Henning Voscherau im September 1997 den Hamburger Bürgerschaftswahlkampf klar verloren hatte und die von jahrzehntelanger Regierung verbrauchten Sozialdemokraten abgestürzt waren, da hätte die SPD eigentlich in die Opposition gehört. Aber CDU und Grüne kamen nicht einmal auf die Idee, es mit einer Zusammenarbeit ernsthaft zu versuchen. Beide umwarben die abgewirtschafteten Sozialdemokraten; und das rot-grüne Bündnis, das dann zustande kam, zeugte sogar von noch weniger politischem Einfallsreichtum, als eine Große Koalition es getan hätte. Denn am Ende waren es zwei besonders trübe Gründe, die den Ausschlag für Rot-Grün gaben: Erstens sollte mit Blick auf die bevorstehende Bundestagswahl die Lagerordnung nicht durcheinandergebracht werden. Und zweitens mußte die SPD an die kleinen Grünen weniger Senatorenposten abgeben, als sie der großen CDU hätte zugestehen müssen. Man hätte sich leicht eine attraktive urbane Politik auf schwarz-grüner Basis vorstellen können, in der die Union den schnellen Griff in die öffentlichen Kassen verhindert, während die Grünen dem Unfug von der »autogerechten Stadt« den Garaus machen. Aber die Sympathisanten- und Funktionärsmilieus der beiden Parteien mögen einander nicht, und die Blocklogik der Bonner Zentralen fordert ihren Tribut.

Das Lagerdenken ist tödlich für die politische Phantasie. In allen Parteien schlummern Potentiale, die von seiner bleiernen Herrschaft unterdrückt werden. Die FDP hat sich zu einer wirtschaftsradikalen Kampftruppe gemausert; das Selbstverständnis als Egoistenverein, das sich hinter dem Stichwort »Steuersenkungspartei« verbirgt, mag nicht sympathisch sein, bleibt aber erfolgversprechend. Es gibt, jenseits des Egoismus, sogar ein Gemeinwohlinteresse an einer Partei, die den harten marktwirtschaftlichen Stachel im weichen Konsensfleisch der Bundesrepublik abgibt. Nur fragt sich dann in der Tat, ob die Liberalen nicht als Oppositionskraft nach Art der frühen Grünen, als Bürgerverdrußpartei und Protestbewegung gegen den Abgabenstaat, besser dastünden als im Bündnis mit der tankerhaften Union. Die CDU wiederum wird durch die Fesselung an die Marktideologie der FDP um ihr Bestes gebracht. Nicht nur um die Traditionen ihres Sozialflügels, das Erbe der christlichen Arbeitnehmerschaft, das gegebenenfalls als Anknüpfungspunkt für eine Zusammenarbeit mit der SPD dienen könnte. Die Verengung auf Wirtschaft und Wachstum, die Standortfixierung, hat auch das Konservative im guten Sinne, das »Wertkonservative«, wie es so schön heißt, fast völlig zum Verschwinden gebracht. Wer es etwa mit dem christlichen Menschenbild, mit der »personalen Würde«, die im abendländischen Nachkriegsdeutsch der Union eine so große Rolle gespielt hat, auch nur irgendwie ernst meint, müßte höchst alarmiert auf die Tendenzen zur Kommerzialisierung und Züchtung des Menschen reagieren, die in einer enthemmten Biotechnologie am Werk sind. Hier ist die CDU/CSU, verblendet von der Standortideologie, dabei, einen Schatz an Fortschrittsskepsis und Moderesistenz zu verschleudern, den sie im Gegenteil hüten und mehren müßte – nicht bloß aus moralischen Gründen, sondern auch im nüchternsten Eigeninteresse, um nämlich Gemeinsamkeiten mit den Grünen zu pflegen, die sich vielleicht einmal koalitionspolitisch auszahlen werden.

Das gilt auch für einen vermeintlichen Ladenhüter des Unionsprogramms, die von ihr selbst inzwischen arg vernachlässigte Familienpolitik. Daß Kindererziehung keine Nebensache, daß die Totalerwerbstätigkeit der Eltern kein Ideal ist, mag vielleicht doch mehr sein als eine reaktionäre Marotte im Sinne von »Frauen zurück an den Herd«. Denn darin steckt auch die Einsicht, daß die völlige Ökonomisierung der Gesellschaft, das Alles-der-Wirtschaft-zum-Fraß-Vorwerfen von Übel ist – eine Einsicht, die der Industriearbeitspartei SPD schwer eingeht, den Grünen aber so fern nicht liegt. Neben der Beherrschung der neuen Technologien ist das Ende der alten Arbeitsgesellschaft auf der Basis der Vollerwerbstätigkeit das zweite wichtige Zukunftsthema. Will man hier nicht in den Flexibilisierungs-Ökonomismus hineingeraten, in die Verwirtschaftung aller familiären und sozialen Tätigkeiten als (schlecht) bezahlte Dienstleistungen, so werden dabei auch ein paar aus der Mode gekommene Wahrheiten traditioneller bürgerlicher Gesellschaftspolitik wiederzuentdecken sein. Die abgeschirmte Privatsphäre der so gern verspotteten Kleinfamilie ist ja nicht bloß ein patriarchalisch beherrschtes Gefängnis, sondern auch eine Schutzzone, die Kosten-Nutzen-Rechnungen draußen hält. Und ehrlicherweise muß man sagen, daß bis jetzt nichts Besseres gefunden wurde, das den gleichen Zweck erfüllen könnte. Für die Grünen würde die Öffnung zu einer solchen Politik freilich bedeuten, daß sie sich weder als postsozialistische Linkspartei noch als libertäre Emanzipationsbewegung definieren dürften. Sie müßten sich zum Beispiel fragen, ob die Abtreibungsfreiheit wirklich der Güter Höchstes ist und nicht selbst ein Ausdruck des von ihnen eigentlich bekämpften Machbarkeitsglaubens. Sie müßten die Ressourcenschonung, den Kern der Umweltpolitik, auf die Gesellschaft ausdehnen und erkennen, daß auch Traditionen und Institutionen einer Art von Naturschutz bedürfen – und daß sparsame Haushaltsführung für die Lebenschancen kommender Generationen nicht weniger wichtig ist als der Verzicht auf riskante Großtechnologien.

Schwarz-Grün ist ein faszinierender Gedanke, aber bislang nur ein Gedankenspiel, eine Fernperspektive, und vielleicht trügt sie auch. Union und SPD sind einstweilen fest auf »Innovation« und »Modernisierung« eingeschworen, was vage genug klingt, aber jedenfalls Rücksichtslosigkeit in Sachen Umwelt verspricht. Und das Programm von Roman Herzogs »Ruck«-Rede stößt auf breite Zustimmung: Rein in die Informationsgesellschaft, mehr Biotechnologie, auf zum letzten Gefecht für den Wachstumsglauben. Wenn das Zukunftsorientierung sein soll, dann müssen die Grünen daran erinnern, daß wir schon einmal weiter waren. Daß Wirtschaftswachstum die Probleme des Arbeitsmarkts nicht lösen wird und aufs Ganze gesehen selbst ein Problem ist, daß nicht Wohlstandsmehrung, sondern Knappheitsbewältigung die Aufgabe der Zukunft ist – das alles ist durch Globalisierung und Standortwettlauf ja nicht falsch geworden, man hat es bloß vergessen. Mangel und Einschränkung sind für die Grünen als einzige Partei mehr als ein Schreckensszenario. Ihre Chance ist eine Politik für das kommende ärmere Deutschland, während die Altparteien in eine Verzweiflungsschlacht um den Reichtum der Vergangenheit ziehen.

Die Herzog-Rede mit ihrem Reißt-euch-zusammen-Programm wäre eine mögliche Grundlage einer Großen Koalition, freilich keine einfallsreiche. Doch hat die Spekulation auf eine Zusammenarbeit von Union und SPD auch ihren Reiz. Sie muß keine bloße Notlösung bleiben (obwohl sie nur als Notlösung, wegen des Fehlens anderer Mehrheiten, zustande kommen kann), und sie ist auch keine Gefahr für die Demokratie, als institutionalisierte Volksgemeinschaft, die jede Opposition erdrückt. Dafür wären die inneren Spannungen viel zu stark, das Streben beider Volksparteien, aus der Zwangseinheit wieder herauszukommen und in einer Regierung mit einem kleineren Partner die alleinige Führung zu übernehmen. Die großen Parteien reden nicht gern von der Großen Koalition, weil es sie bei der Mobilisierung ihrer Wählerschaft lähmen würde; mit der Aussicht auf Kooperation mit den Schwarzen lassen sich die Roten so wenig in Schwung bringen wie umgekehrt. Unverständlich ist jedoch, warum die Öffentlichkeit sich den durchaus egoistischen Parteienaffekt gegen die Debatte über eine Große Koalition weitgehend zu eigen macht. Hier herrscht ein schädliches Denkverbot.

Die Länder, die von CDU und SPD gemeinsam regiert werden, sind zwar tatsächlich abschreckende Beispiele für die Kombination zweier Übel, die man eigentlich für unvereinbar halten möchte, nämlich Immobilität und Instabilität. Die Große Koalition, die von 1966 bis 1969 in Bonn regierte, war aber keineswegs so schlecht; und es ist eine grobe historische Ungerechtigkeit, wenn sie im Gedächtnis des Landes fast nur als Urheberin der umstrittenen Notstandsgesetzgebung fortlebt. In Wahrheit hat sie viel geleistet, auch bei der Meisterung der damaligen Wirtschaftskrise, die freilich viel weniger dramatisch und tiefgreifend war als die heutige. Das Kabinett der Großen Koalition unter Bundeskanzler Kiesinger war eine imponierende Runde, vom Außenminister Brandt über die Finanz- und Wirtschaftspolitiker Franz Josef Strauß und Karl Schiller, die Erfinder der »Konzertierten Aktion«, bis hin zu Herbert Wehner, der die Sozialdemokratie in jahrelanger mühevoller Arbeit an die bundesdeutsche Wirklichkeit gewöhnt und regierungsfähig gemacht hatte; dazu kamen die Fraktionsvorsitzenden Rainer Barzel und Helmut Schmidt. Die Große Koalition ist unentbehrlich als Übergangsphase zum sozialliberalen Aufbruch der siebziger Jahre gewesen, sie war die geschichtliche Schleuse zur Brandtschen Reformpolitik. Nur so, als Einstiegshilfe in das 21. Jahrhundert, könnte sie auch Ende der neunziger Jahre einen Sinn haben. Die Deutschen sind, man mag das noch so sehr bedauern, nun einmal ein konfliktscheues Volk; die Rede von der »Konsensgesellschaft«, abfällig gemeint, beschreibt einfach eine Realität. Andere Nationen bewerkstelligen den Wandel im sportlichen Wettbewerb von Radikallösungen, wie die Briten, oder mit der dramatischen Abservierung einer ganzen Politikerkaste, wie die Italiener. Hierzulande rauft man sich statt dessen zusammen. Es gehe um Reform, nicht um Revolution, hat Wolfgang Schäuble die klassische bundesdeutsche Haltung zur gesellschaftlichen Veränderung umrissen. Das wäre, gegen den tendenziell revolutionären Marktextremismus der FDP, der sachliche Grund für eine Kooperation der beiden Großparteien.

Doch sind alle Gedankenspiele über die Neuordnung der politischen Lager nur Hinweise auf die Hauptaufgabe der kommenden Jahre: die Fenster zu öffnen. Das viele Gerede über Innovation und Modernisierung lenkt in Wahrheit davon ab, was die Politik eigentlich zu erneuern und zu modernisieren hätte. Man tut so, als ginge es dabei um Wirtschaft und Technologie, aber das ist ein Irrtum. Wirtschaft und Technologie modernisieren sich selbst, hier hat die Privatinitiative ihr Feld, die nur verläßliche Rahmenbedingungen braucht – und klar gesetzte Grenzen. Die Politik mißversteht ihre eigene Aufgabe, wenn sie sich als Wirtschaftsförderung begreift. Die Innovation und Modernisierung, die sie leisten müßte, ist eine ganz andere, es ist die Lockerung der starren Fronten im Parteiensystem, das Experimentieren mit neuen Koalitionsmöglichkeiten. Es ist, um es pathetisch zu sagen, die Wiederentdeckung des Politischen, von Optionen und Spielräumen, von Alternativen und Entscheidungsvarianten. Vielleicht muß es dabei nicht nur neue Bündnisse geben, sondern auch neue Parteien. Daß die PDS als regionale Interessenfürsprecherin eine Dauerhaftigkeit gewonnen hat, die ihr bei ihrer ideologischen und personellen Auszehrung gar nicht zukommen dürfte, ist vor allem ein Signal für die Unvollständigkeit des altbundesdeutschen Parteiensystems gewesen: Für den Gegensatz von Ost und West gab es innerhalb des Bonner politischen Spektrums keine Ausdrucksmöglichkeit, also haben die eigentlich obsoleten Postkommunisten sie geschaffen und sich damit zunächst einmal das Überleben gesichert.

Die Gesellschaft ist auch sonst von Bruchlinien durchzogen, die sich in der Lagergeographie nicht abbilden und auf ihre Formulierung als politische Gegensätze förmlich warten: Alt und Jung, Geber- und Nehmerländer im Finanzausgleich, Technikbegeisterung und Fortschrittsskepsis, Europäertum und Regionalismus, weltanschauliche Neutralität und »Fundamentalismus« in allerlei Gestalt – der Kruzifix-Streit hat gezeigt, daß sogar der halbvergessene Unterschied der Konfessionen noch nicht verschwunden und erstaunlicher Radikalisierung fähig ist. Im Bundestag erlebt man Debatten, in denen die Fronten quer zu den Fraktionsgrenzen verlaufen – bei der Bonn-Berlin-Entscheidung, wo das Ostlertum der PDS der nationalen Symbolpolitik von Brandt und Schäuble zum Sieg verhalf, wie beim Streit um das Transplantationsgesetz. Der Kölner Erzbischof, einer der schwärzesten der Schwarzen, wehrt sich zusammen mit den Grünen gegen die Hirntoddefinition, die einen kreatürlich lebenden Körper zur Organentnahme freigibt: zwei traditionell verfeindete Spielarten von Lebensschutz finden zusammen. Linke, die eigentlich für den Multikulturalismus sind, empören sich über die Entmündigung der Frau im Islam und müssen sich auf einmal zwischen ihrer Ausländerfreundlichkeit und dem Glauben an die Universalität der Menschenrechte entscheiden; Rechte, die immer treue Anhänger des freien Unternehmertums waren, sehen bei der Globalisierung durch ein vaterlandsloses Kapital die Felle des geliebten Nationalstaats davonschwimmen. Die Sozialdemokratie, von Hause aus internationalistisch, muß sich um ihrer Arbeitnehmerklientel willen gegen die Konkurrenz der Billiglohnländer abschotten und so an der »Festung Europa« bauen – was Verrat an einer realen Internationalisierung ist, durch die zahllose Bürger armer Länder zum ersten Mal die Chance haben, an den Segnungen des Wohlstands teilzuhaben.

Es gibt Antieuropäer aus borniertem Nationalismus und Antieuropäer aus Freiheitswillen, die bei den Brüsseler Institutionen die demokratische Legitimation vermissen. Es gibt Europabefürworter, die über den gemeinsamen Wirtschaftsraum hin zu einer Welt ohne Grenzen wollen – und Europabefürworter, die sich mit einem kontinentalen Machtblock, einem von drei Großräumen auf der Erde, gegen den American way of life und gegen einen autoritären asiatischen Kapitalismus behaupten möchten. Progressive Bürgerrechtler und konservative Abendländler wollen die Türkei aus der Europäischen Union fernhalten, progressive Multikultis und konservative Nato-Strategen wollen sie einbeziehen. Feministinnen kämpfen Arm in Arm mit Sittenwächtern aus der CSU gegen den blanken Busen, Gralshüter des Liberalismus und Magnaten des Privatfernsehens verteidigen ihn als »Symbol der freien Meinungsäußerung«. Fromme Christen wissen nicht, ob sie sich vom Ruf des Muezzins in ihrer Nachbarschaft beleidigt fühlen oder ob sie den erstarkenden Islam als unverhofften Bundesgenossen gegen die Säkularisierung begrüßen sollen. Oder ist es im Gegenteil geboten, sich mit den Säkularisten in einer westlichen Einheitsfront gegen die Mullahs zusammenzutun? Unter den Antiklerikalen, die gegen die bayerische Kruzifixpflicht im Klassenzimmer sind, stehen Dogmatiker der weltanschaulichen Neutralität des Staates, die nur die weiße Wand dulden, gegen Toleranzapostel, die neben das Kreuz den Halbmond hängen und davor einen siebenarmigen Leuchter aufstellen wollen. Überall unversehens aufbrechende Gegensätze, mit bisweilen erschrekkender Unversöhnlichkeit, aber auch Brücken über alte Gräben hinweg: neue Feindschaften und neue Bündnisse.

Sind solche Gegensätze überhaupt politisch organisierbar? Wären politische Organisationen, in denen sich solche Gegensätze niederschlagen, überhaupt kooperations- und kompromißfähig, oder würden sie bloß einen Pluralismus der Zersplitterung repräsentieren, ein Meinungs- und Interessenchaos, das zu politischer Handlungsunfähigkeit führen müßte? Eine Seniorenpartei, eine Autopartei, eine Partei des wohlhabenden Süddeutschland, womöglich sogar eine katholisch-islamische Sammlungsbewegung gegen Pornographie und Geburtenkontrolle – lauter denkbare Formationen, deren Widerspiel und Zusammenwirken aber unvorstellbar bleibt. Es war ein großer Fortschritt von der Weimarer zur Bonner Republik, daß die noch aus dem Kaiserreich überkommenen Klassen- und Weltanschauungsparteien, die letztlich unvereinbare Programme vertraten und zu pragmatischer Regierungszusammenarbeit kaum fähig waren, durch unideologische Neu- und Umbildungen ersetzt wurden, die das nüchterne Geschäft der Mehrheitsbildung auf sich nahmen: die CDU/CSU als überkonfessionelle Bürgerunion, die SPD als halblinke Volks-, nicht mehr als Arbeiterpartei, und die FDP immer mehr als reines Funktionsmoment, als »Zünglein an der Waage«. Extrempositionen wurden bereits innerhalb der Parteien durch Kompromisse zwischen den Flügeln neutralisiert, Koalitionsbildung und Regierungsarbeit blieben weitgehend unbelastet. Diese intellektuell und dramatisch reizlose, aber für den politischen Alltag segensreiche Bonner Normalität ist erschüttert. Schon das Aufkommen der Grünen, mit dem Glaubensartikel Umweltschutz, und jetzt der Wandel der Liberalen zur eifernden Anti-Staat-Bewegung, deuten eine merkwürdige Renaissance der Weltanschauungsparteilichkeit an. Die Berliner Republik könnte in dieser Hinsicht der Weimarer ähnlicher werden als gedacht – oder gar gewünscht. Das politische System steht vor der Aufgabe, die neuen Energien aufzunehmen, um seine erschöpften Lebenskräfte aufzufrischen, aber auch, um ihnen Form zu geben und sie zu kanalisieren, um die Gesellschaft vor der Selbstzerfleischung oder dem Zerfall in ein gleichgültiges Nebeneinander zu bewahren.

Der Traum von der Entpolitisierung, dem der Vulgärliberalismus anhängt, der keine Parteien mehr kennen will, sondern nur noch Wirtschaft, ist schon manches Mal geträumt worden, und er ist nie in Erfüllung gegangen. Auch der Verfall nationaler Souveränität in einem zusammenwachsenden Europa wird die politischen Streitpotentiale nicht zum Verschwinden bringen oder auch nur entschärfen; die Integration schafft vielmehr den Raum für eine europäische Innenpolitik, in dem sich die Interessengruppen von Kapital und Arbeit, von Marktfreiheit und Staatsintervention, länderübergreifend organisieren und dann mit vereinten Kräften aufeinander losgehen können. Konflikte verschwinden nicht, sie verlagern sich nur und nehmen neue Gestalt an; die Gegenstände, an denen die Polarisierung sich offenbart, wechseln, die Tatsache der Polarisierung bleibt. Die Politik ist nicht abzuschaffen. Eine Burleske wie der Kruzifix-Streit und eine ernste Gefahr wie das Vordringen des politischen Islam nach Europa zeigen, daß nicht einmal die Zeit der Weltanschauungszwiste vorbei ist, daß das Ende des ideologischen Weltbürgerkriegs mitnichten die Ideologiefreiheit der Politik garantiert. Viel mehr als die Angstfloskel vom »Fundamentalismus« ist dem westlichen Durchschnittsbewußtsein dazu bisher nicht eingefallen. Aber die Sache selbst wird durch diese Beschwörung nicht verschwinden. Es gibt nicht nur den Kampf ums Geld, den der Vulgärliberalismus für die einzige Wirklichkeit hält, sondern auch den Kampf gegen die Allmacht des Geldes, den Widerstand verstörter und bedrängter Milieus und Kulturen gegen eine kommerzialisierte Einheitszivilisation, unter religiösen oder nationalistischen Parolen – »Dschihad gegen McWorld« hat der amerikanische Politologe Benjamin Barber diese Frontstellung getauft. Hinter den sozialen und wirtschaftlichen Verteilungskonflikten, die im Augenblick die Szene beherrschen, zeichnet sich schon das unheimliche Bild neuer Glaubenskriege ab. Sie werden sich, in einer rapide zusammenwachsenden Welt, aus Deutschland nicht fernhalten lassen. Oder, anders gewendet: die Frage, ob und wie man versuchen soll, sie fernzuhalten, birgt wieder neuen politischen Konfliktstoff.

Die Geschichte des Staates kehrt damit auf eine überraschende Weise an ihren Anfang zurück. Er wird noch einmal in eine Lage versetzt, die der seiner eigentlichen Geburtsstunde gleicht. Der neuzeitliche Staat, wie wir ihn kennen, mit Gebietsherrschaft, Steuerhoheit und Gewaltmonopol, der souveräne Staat ist bekanntlich in der Epoche der europäischen Glaubensspaltung, in der Ära der konfessionellen Bürgerkriege entstanden. Die Frage nach dem wahren Glauben, über die sich die verfeindeten Religionsparteien nicht einigen konnten, wurde damals kurzerhand und mit Macht aus der Politik ausgeklammert; der absolutistische Herrscher zwang die eifernden Streithähne, Ruhe zu halten und sich seiner friedensstiftenden Autorität zu unterwerfen. Den Bürgerkrieg zu verhindern, den inneren Frieden zu sichern, ist seither die erste Pflicht des Staates geblieben. Wie das in Zukunft geschehen kann, welche gemeinsamen Überzeugungen der Bürger dafür nötig sind und wo sie herkommen sollen – das alles ist nicht ausgemacht. Endlose Wertedebatten und fruchtlose Appelle zu mehr Gemeinsinn zeugen von einer tiefen Verlegenheit. Aber den Kernbestand an Prinzipien, für den sich die Gesellschaft entscheidet, wird sie mit staatlicher Autorität schützen und durchsetzen müssen – und die staatliche Autorität wird darüber zu wachen haben, daß über diesen Kernbestand hinaus keine Gruppe der anderen ihre weltanschaulichen Lieblingsideen aufzwingt. Weit entfernt davon, den Staat überflüssig zu machen, braucht die liberale Gesellschaft ihn vielmehr doppelt: gegen die Beliebigkeit, in die sie allzu leicht verfällt, und gegen das Eiferertum, das sich im Kampf mit der Beliebigkeit immer wieder entzündet. Die Zeit des Staates ist nicht vorbei; und vielleicht wird man ihn sogar mehr brauchen, als uns lieb sein kann.

Nachwort zur Taschenbuchausgabe

Politische Publizistik, die nicht veraltet, ist auch nie aktuell gewesen. Sie muß den Augenblick ihrer Entstehung spiegeln, sonst bleibt sie unverbindlich und wirkungslos. Für eine Polemik gilt diese Zeitabhängigkeit erst recht. Ihre Gegner können sich als kurzlebig erweisen und von der Bildfläche verschwinden. Sie können sich aber auch in einem neuen Licht zeigen und den Polemiker eines anderen belehren. Wie steht es in dieser Hinsicht mit den »Neuen Staatsfeinden«, geschrieben im Herbst und Winter 1997, erschienen im Frühjahr 1998 und nun als Taschenbuch neu aufgelegt?

Die drei Helden des Untertitels, Schröder, Henkel und Westerwelle, haben inzwischen recht unterschiedliche Wege zurückgelegt. Gerhard Schröder ist Bundeskanzler geworden. Hans-Olaf Henkel und überhaupt die ganze Unternehmerlobby haben die Meinungsführerschaft in Sachen Sozialstaatsreform mit dem Regierungswechsel verloren. Nicht, daß das Thema sich in Luft aufgelöst hätte. Aber die Debatte hat sich ins rot-grüne Lager, vor allem in die SPD selbst verschoben, wo der Kanzlerpragmatismus einer »neuen Mitte« an die Stelle der alten Gewaltattacken gegen das »Konsensgesülze« getreten ist. Guido Westerwelle schließlich hat noch immer das einzig einprägsame FDP-Programm formuliert. Doch der Beweis für Überlebensfähigkeit und Einfluß der FDP als radikalliberaler Programmpartei ist bislang nicht gelungen; eher scheint es so, als ob die »Weniger-Staat«-Parole sich von ihren Erfindern unabhängig machen und ins politische System hinausdiffundieren würde wie einst das Umweltschutz-Credo der Grünen.

Die Hauptthese der »Neuen Staatsfeinde« war die Kritik an der totalen Ökonomisierung der Gesellschaft, an der Überwältigung der Politik durch die Wirtschaft. Der Protest gegen den Marktradikalismus verband sich mit einem tieferliegenden, wenn man so will: kulturpessimistischen Motiv, mit der Skepsis gegen eine neue Einheitsweltanschauung aus Nachachtundsechzigertum und Neokapitalismus, aus Selbstverwirklichungs- und Wettbewerbsideologie. Die Rechten von einst haben ihren Frieden mit Ehescheidung und Kirchenaustritt gemacht, die Linken mit dem Ende von Gewerkschaftsbindung und Ladenschluß, und gemeinsam marschieren sie unter den Fahnen von »Individualisierung« und »Modernisierung« in eine Zukunft ohne Tradition und Solidarität.

Vielleicht hätten die beiden Angriffspunkte, Wirtschaftsgläubigkeit und Modernisierungsideologie, schärfer auseinandergehalten werden sollen. Es kann kein Zweifel daran bestehen, daß der altbundesdeutsche Wohlfahrtsstaat an seine Grenzen stößt und daß bei seiner Umgestaltung das ökonomische Prinzip eine wesentliche Rolle zu spielen hat. Denn die Grundkrankheit dieses Wohlfahrtsstaats ist die Verschleierung und Verschiebung von Kosten, die Ausbeutung des Gemeinwesens zugunsten von individuellen Ansprüchen oder Gruppeninteressen. In diesem Zusammenhang ist mehr Wirtschaftlichkeit gerade nicht, wie die Streiter gegen den »Terror der Ökonomie« (Viviane Forrester) unterstellen, unmoralisch, sondern vielmehr ein moralischer Gewinn: es geht um die Einführung eines sozialethischen Verursacherprinzips, um die disziplinierende Wirkung der Rechnung, die jedermann für die Konsequenzen seines Verhaltens präsentiert bekommt. In einem freien Land sei es jedem unbenommen, mit siebzehn von zu Hause auszuziehen, endlos zu studieren, sich beim Bungee-Jumping einen Herzinfarkt zu holen oder sein Geld lieber für Abenteuerurlaube als für die Erziehung von Kindern auszugeben. Aber es gibt durchaus kein Recht darauf, sich dies alles direkt oder mittelbar subventionieren zu lassen und die Folgelasten davon zu vergesellschaften. Unsere hochindividualisierte Lebensweise ist in Wahrheit so individuell nicht; sie ist vielmehr nicht nur, wie in den »Neuen Staatsfeinden« zivilisationskritisch angeprangert, weitgehend genormt, sondern auch in hohem Grade kollektiv mitfinanziert. Es ist ganz ungewiß, was von ihr übrigbliebe, wenn alle Beteiligten sich ihre Teilnahme daran wirklich selbst erwirtschaften müßten. Vielleicht stellt sich am Ende heraus, daß diese Art Moderne ein Luxus ist, den sich, wie jeden Luxus, nur wenige leisten können. Und daß manche jetzt belächelte Altbackenheit immerhin den Vorteil für sich hat, daß sie sich rechnet.

Gegen einen gewissen »Ökonomismus« im Sinne von mehr Selbstverantwortung, im Sinne einer realistischen gesellschaftlichen Kostenrechnung, ist also nichts einzuwenden; im Gegenteil. Nur zeigt das Beispiel von den Folgelasten der Individualisierung, daß man sich diesen Wandel und diese Erneuerung nicht wieder einfach als »Fortschritt«, als Spielraumgewinn und Bereicherung des persönlichen Optionen-Menüs vorstellen darf. Hier liegt der Irrtum der gängigen Modernisierungsideologie. Daß wir alle immer flexibler, mobiler und selbständiger und dadurch zugleich leistungsfähiger und glücklicher werden – das ist eine Sozialphantasie, die es an utopischer Wirklichkeitsferne mit den Heilserwartungen des Marxismus durchaus aufnehmen kann. Wie alle Utopien konstruiert auch diese einen »neuen Menschen«, diesmal einen Wechselbalg aus Emanzipation und Konkurrenzfähigkeit, unternehmerisch die eigene Existenz bewirtschaftend und auf dem Markt der Lebensofferten ein souveräner Kunde.

Das ist in der Tat ökonomistisch im schlechten Sinne; man stellt sich die Welt als eine einzige gigantische Service-Palette vor, zu der die Menschen als Anbieter nach Kräften beitragen und aus der sie sich als Konsumenten nach Lust und Laune versorgen. Obwohl das alles angeblich mehr Vielfalt schaffen soll, ist dieser Ideologie in Wahrheit eine nivellierende, egalisierende und homogenisierende Tendenz eigen, ein tiefes Unverständnis für das Bunte, Unverwechselbare und Eigenwillige. Weil wir in einer Dienstleistungsgesellschaft leben, soll von den Behörden die Dienstleistung Verwaltung erbracht werden, von den Schulen die Dienstleistung Bildung – beides möglichst unter Einsatz von Computern, denn von der Informationsgesellschaft hat man auch schon gehört. Waren den linken Reformern von Anno dazumal Schule und Verwaltung Agenturen zur Umverteilung von Sozialchancen, so sind sie für die Modernisierer Service-Betriebe zur Wettbewerbsbegleitung. Daß eine Schule einfach eine Schule und eine Verwaltung einfach eine Verwaltung sein muß, nicht etwas anderes, sondern in ihrer Art gut, daß man dazu eine Idee vom Staat oder von Bildung, nicht eine von »Moderne« braucht – das ist den einen so unbekannt, wie es den anderen war. Es soll wieder alles über einen Kamm geschoren und die Welt aus einem Punkte kuriert werden.

Der Vergleich mit dem Reformglauben der sechziger und frühen siebziger Jahre kommt nicht von ungefähr. Tatsächlich kursiert der Begriff »Modernisierung« heute in ähnlicher Weise als Zauberwort wie damals die »Demokratisierung«. Auch sie sollte, über die ihr ursprünglich zugehörige politische Sphäre hinaus, »alle gesellschaftlichen Bereiche erfassen«, das Bildungssystem wie die Familie oder die Wirtschaft. Es war eine mühsam erkämpfte Einsicht, daß das demokratische Prinzip eben doch vorzugsweise für den Staat und für den Menschen in seiner Rolle als Bürger taugt, während es daneben Institutionen und Sozialbeziehungen gibt, die nicht demokratisierbar sind, die durch Demokratisierung nicht verbessert, sondern einfach zerstört werden. Das Autoritätsgefälle zwischen Lehrer und Schüler, die Fürsorgepflicht der Eltern für ihre Kinder, das Treueverhältnis des Beamten zum Staat, die unternehmerische Verfügung über das Privateigentum an Produktionsmitteln – das sind lauter Verhältnisse, die nicht nach dem Modell demokratischer Gleichheit organisiert sind, die aber deswegen ein Gemeinwesen nicht etwa unfrei machen, sondern im Gegenteil lebendig und differenziert, die es schützen gegen die Einebnung durch die unumschränkte Herrschaft des Mehrheitswillens. Vollkommene Demokratisierung ist freiheitsfeindlich.

Besinnungslose Modernisierung wäre es ebenso. Daß sie »alle gesellschaftlichen Bereiche erfassen« müßte, ist eine ähnlich illiberale Wahnvorstellung wie seinerzeit der Mitbestimmungsfuror der Kulturrevolution. Totale Modernisierung würde gerade das gefährden, was die Modernisierer so gern gegen den angeblich bevormundenden und erstarrten Staat ins Feld führen, nämlich die Zivilgesellschaft. Denn anders als viele meinen, ist die Zivilgesellschaft nichts eigentlich Modernes, nicht in erster Linie eine Neuentdeckung staatsverdrossener Bürger, die ihre Angelegenheiten nun endlich bewußt in die eigene Hand nehmen, in Umweltinitiativen, Kinderläden oder Selbsthilfegruppen. Zivilgesellschaft ist viel weniger etwas Gemachtes als etwas Gewachsenes, ein buntes Gemisch aus freien Engagements, aus Rollen, die man zwar gewählt, aber nicht erfunden hat, und aus Bindungen, in die wir einfach hineingeboren werden. Der Philosoph Robert Spaemann hat auf die zunächst überraschende Tatsache aufmerksam gemacht, daß »Freiheit« für die antiken Griechen ursprünglich so viel hieß wie »nach Väter Sitte leben können«. Den Tyrannen erkennt man gerade daran, daß er den Menschen dieses Recht nehmen will – wie Kreon, der es Antigone verwehrt, den im Kampf gegen die eigene Stadt gefallenen Bruder zu bestatten. Etwas von dieser antitotalitären Kraft des Hergebrachten lebt auch in der Zivilgesellschaft fort und trägt wesentlich zu den Widerstandspotentialen bei, die in ihr stecken. Nicht zufällig ist ein konservatives Land wie Polen, mit den Traditionsbollwerken Kirche und Kleinbauerntum, innerlich derart resistent und aufmüpfig gegen den Kommunismus gewesen. In der sozial planierten, geschichtslosen DDR dagegen saßen die Herrscher so fest im Sattel wie nirgendwo sonst.

Die große Modernisierungskoalition, gegen die in den »Neuen Staatsfeinden« polemisiert wird, das Bündnis aus Deregulierern und Emanzipatoren, ist ein typisches Produkt der Jahre nach 1989. Erst im nachhinein sieht man wirklich, wie stark die gesellschaftspolitische Debatte vorher bis zuletzt durch die lockende oder drohende Existenz der Systemalternative, durch die schiere Präsenz des Ostblocks mitbestimmt war. So sehr sich die meisten Linken auch von der Revolution verabschiedet und mit der Verfassung der Bundesrepublik abgefunden haben mochten, so wenig sie in der DDR hätten leben wollen – ganz war das antikapitalistische Motiv, der Traum vom Sozialismus als der eigentlich besseren Welt nicht verschwunden. So konnte die Affinität der eigenen Selbstverwirklichungsideen zum Konsumhedonismus der Marktgesellschaft weithin unbemerkt bleiben. Auf der anderen Seite, im bürgerlichen Lager, verlangte die Abwehr des Kommunismus einen nach innen und außen starken Staat; auch die Traditionsreserve des christlichen Abendlands mochte von Zeit zu Zeit nützlich zu mobilisieren sein. Der ökonomische Liberalismus blieb daher vielfach mit dem Konservativismus verbunden. Erst nach 1989 konnten die lange verfeindeten Schwestern, die Freiheit der Wirtschaft und die Freiheit von Autorität, einander in die Arme fallen.

Man muß das prägnante Datum 1989 mit den diffuseren westlichen Prozessen der achtziger Jahre, mit der Renaissance des Kapitalismus und mit der Entfaltung der globalen Marktgesellschaft zusammennehmen, um die neue politische und gesellschaftliche Konstellation zu verstehen. Der Fall der Mauer war ebenso ein Öffnungsvorgang wie die wachsende Beweglichkeit von Informationen, Kapital, Gütern, Dienstleistungen und Arbeitskräften. Es ist die Vision von der »einen Welt«, die seither aufscheint, einer Welt der Grenzenlosigkeit – nach innen befreit von den Hemmnissen traditioneller oder sozialstaatlicher Bindungen, nach außen die Schranken nationaler Souveränität oder kultureller Verschiedenheit überspielend. Der liberale Universalismus ist kein rein ökonomisches Unternehmen; er besitzt ebenso, und das macht ihn für die einstige Linke anziehend, seine menschenrechtliche Seite. Der Kosovo-Krieg als humanitäre Intervention, als Polizeiaktion gegen den Anachronismus der serbischen Blut-und-Boden-Ideologie, hat dafür ein Beispiel gegeben. Auch das ist Globalisierung: Die Berufung auf das völkerrechtliche Einmischungsverbot wird im Zeichen universaler Werte so unzulässig wie in den internationalen Handelsbeziehungen der Protektionismus. Zum Weltmarkt gehört die Weltmoral. In einer grünen Theoriezeitschrift wurde während des Krieges der Vorschlag gemacht, die Werbeteams von Camel und Coca-Cola sollten in einem volkspädagogischen Fernsehprogramm die Serben darüber belehren, daß man nicht zugleich die Segnungen des Massenkonsums und die Wonnen des Chauvinismus genießen könne.

Die Fortschrittstendenz zur »einen Welt« ist eine mächtige, vielleicht unaufhaltsame Grundströmung, aber sie bleibt nicht ohne Widerstand. »Es ist gleichgültig, wie wir es bewerten«, stellte Botho Strauß 1993 im berüchtigten »Anschwellenden Bocksgesang« fest, »es wird schwer zu bekämpfen sein: Daß die alten Dinge nicht einfach überlebt und tot sind, daß der Mensch, der einzelne wie der Volkszugehörige, nicht einfach nur von heute ist. Zwischen den Kräften des Hergebrachten und denen des ständigen Fortbringens, Abservierens und Auslöschens wird es Krieg geben.« Strauß hatte den Nationalismus in Osteuropa und Mittelasien vor Augen, dazu, als Perversionsform der Rechten, den deutschen Neonazismus, die Skinheads der frühen neunziger Jahre. Aber die Angst vor der Grenzenlosigkeit hat mit der Sorge um den Wohlstand mindestens ebenso zu tun wie mit der Verteidigung der Identität, sie reicht vom rechten Fremdenhaß bis zum gewerkschaftlichen Sozialprotektionismus und zur linksintellektuellen Globalisierungskritik. Der Ausländer ist gleichsam der Weltmarkt in Person, und es ist nur eine Frage des unterschiedlichen Ressentimentgeschmacks, ob er als Gefahr für das Deutschtum oder für das Lohnniveau gilt. In Frankreich stehen der Nationalist Pasqua und der Sozialist Chevènement als »Souveränisten« auf einer Seite im Kampf gegen die Aushöhlung des Staates durch Europa und Wall Street. Der amerikanische Politologe Charles S. Maier hat in solchen Bündnissen und Frontstellungen die Umrisse einer künftigen Lagerbildung in den westlichen Demokratien, jenseits der hergebrachten Parteien, ausgemacht: ein Gegeneinander von »Globalisten« und »Territorialisten«, von Profiteuren und Opfern, Freunden und Feinden der neuen Ortlosigkeit.

Der Konflikt zeichnet sich nicht nur in den Vereinigten Staaten und Westeuropa ab. Im Osten des Kontinents steht das Streben nach ethnischer Homogenität, von der friedlichen Auflösung der Tschechoslowakei bis zum blutigen Zerfall Jugoslawiens, in einem verstörenden Widerspruch zum Brüsseler Integrationsdenken. In Polen, teils auch in

Ungarn, waren Züge eines Kulturkampfs von Kosmopoliten und Nationalkonservativen zu bemerken, in Rußland hat man die alte Kontroverse zwischen Westlern und Slawophilen wiederkehren sehen – lauter Auseinandersetzungen um Öffnung und Abgrenzung, bald sozial gefärbt, bald ethnisch oder religiös. Und blickt man über Europa hinaus, so ist der liberale Universalismus auch dort nicht unangefochten, er steht, wie in China und bei den Verfechtern der »asiatischen Werte«, unter dem Verdacht amerikanischer Hegemonialinteressen, und auch in den islamischen Ländern wird er vielfach als Ausdruck eines westlichen Kulturimperialismus empfunden. Je mehr der Liberalismus zur Einheit zusammenwächst, jenseits der überholten Unterscheidung von Freihändlern und Freigeistern, desto stärker erscheint er auch als Partei, als militante Fortschrittsbewegung, gegen die sich dann mannigfache Antiliberalismen zur Wehr setzen, vom Bauernprotest bis zur päpstlichen Enzyklika.

Wie bei allen belangvollen politischen Gegensätzen ist die Frage nach Recht und Unrecht auch beim Streit zwischen Globalisten und Territorialisten, zwischen Entgrenzungspropheten und Beharrungspriestern nicht so einfach zu beantworten. Weder bedeutet die westliche Einheitszivilisation einfach die Weltherrschaft von McDonald's, noch ist jeder Zweifel daran letztlich faschistoid. Die Parteinahme wird verschieden ausfallen von Situation zu Situation, von Schauplatz zu Schauplatz: in San Francisco muß man sich weniger für Liberalisierung ins Zeug legen als in Singapur und in Altötting mehr als im Frankfurter Westend. Da dem Verfasser die Bundesrepublik der neunziger Jahre insgesamt nicht nach Altötting aussah, hat er sein Steinchen mit den »Neuen Staatsfeinden« in die konservative Waagschale gelegt und den Vorwurf des Antimodernismus nicht gescheut. Denn die eigentliche Gefahr für die offene Gesellschaft liegt nicht in Traditionalismus oder Bürokratisierung, nicht in der Entmündigung der Bürger durch den Staat. Sie liegt in einer Verengung des öffentlichen Bewußtseins, im Ausblenden von Alternativen, in der Herrschaft eines neuen, diesmal aufgeklärten Spießertums. Dagegen besteht, wie eh und je, die intellektuelle Pflicht zur Ideologiekritik.

Literaturhinweise

Arendt, Hannah, Vita activa oder vom tätigen Leben, 7. Aufl., München/Zürich 1992.

Arnim, Hans Herbert von, Fetter Bauch regiert nicht gern. Die politische Klasse – selbstbezogen und abgehoben, München 1997.

Barber, Benjamin R., Coca-Cola und Heiliger Krieg. Wie Kapitalismus und Fundamentalismus Demokratie und Freiheit abschaffen, Bern/München/Wien 1996.

Baring, Arnulf, Scheitert Deutschland? Abschied von unseren Wunschwelten, in Zusammenarbeit mit Dominik Geppert, Stuttgart 1997.

Bissinger, Manfred (Hg.), Stimmen gegen den Stillstand. Roman Herzogs »Berliner Rede« und 33 Antworten, Hamburg 1997.

Bloy, Léon, Das Heil und die Armut. Das Blut des Armen/Das Heil durch die Juden, mit Beiträgen von George Bernanos, Raissa Maritain und Karl Pfleger, Heidelberg 1953.

Böckenförde, Ernst-Wolfgang, Recht, Staat, Freiheit. Studien zur Rechtsphilosophie, Staatstheorie und Verfassungsgeschichte, 2. Aufl., Frankfurt am Main 1992.

Böckenförde, Ernst-Wolfgang, Staat, Verfassung, Demokratie. Studien zur Verfassungstheorie und zum Verfassungsrecht, Frankfurt am Main 1991.

Chatzimarkakis, Georgios und Holger Hinte (Hg.), Freiheit und Gemeinsinn. Vertragen sich Liberalismus und Kommunitarismus?, Bonn 1997.

Dahrendorf, Ralf, Der moderne soziale Konflikt. Essay zur Politik der Freiheit, Stuttgart 1992.

Dohnanyi, Klaus von, Im Joch des Profits. Eine deutsche Antwort auf die Globalisierung, Stuttgart 1997.

Ellwein, Thomas und Joachim Jens Hesse, Der überforderte Staat, Frankfurt am Main 1997.

Erhard, Ludwig, Wohlstand für alle, bearbeitet von Wolfram Langer, Düsseldorf 1997.

Eucken, Walter, Grundsätze der Wirtschaftspolitik, hg. von Edith Eucken und K. Paul Hensel, 6. Aufl., Tübingen 1990.

Forrester, Viviane, Der Terror der Ökonomie, Wien 1997.
Forsthoff, Ernst, Der Staat der Industriegesellschaft. Dargestellt am Beispiel der Bundesrepublik Deutschland, 2. Aufl., München 1971.
Fraenkel, Ernst, Der Doppelstaat, Frankfurt am Main/Köln 1974.
Gehlen, Arnold, Moral und Hypermoral. Eine pluralistische Ethik, 5. Aufl., Wiesbaden 1986.
Gehlen, Arnold, Urmensch und Spätkultur. Philosophische Ergebnisse und Aussagen, 5. Aufl., Wiesbaden 1986.
Goebel, Johannes und Christoph Clermont, Die Tugend der Orientierungslosigkeit, Berlin 1997.
Grimm, Dieter (Hg.), Staatsaufgaben, hg. unter Mitarbeit von Evelyn Hagenah, Frankfurt am Main 1996.
Gross, Johannes, Begründung der Berliner Republik. Deutschland am Ende des 20. Jahrhunderts, Stuttgart 1995.
Haffner, Sebastian, Anmerkungen zu Hitler, Frankfurt am Main 1981.
Haffner, Sebastian, Zur Zeitgeschichte. 36 Essays, München 1982.
Hayek, Friedrich A. von, Die Verfassung der Freiheit, 3. Aufl., Tübingen 1991.
Herzinger, Richard, Die Tyrannei des Gemeinsinns. Ein Bekenntnis zur egoistischen Gesellschaft, Berlin 1997.
Kondylis, Panajotis, Der Niedergang der bürgerlichen Denk- und Lebensform. Die liberale Moderne und die massendemokratische Postmoderne, Weinheim 1991.
Marx, Karl und Friedrich Engels, Studienausgabe, Band III, Geschichte und Politik 1, hg. von Iring Fetscher, Frankfurt am Main 1990.
Marx, Karl und Friedrich Engels, Studienausgabe, Band IV, Geschichte und Politik 2, hg. von Iring Fetscher, Frankfurt am Main 1990.
Mohr, Reinhard, Zaungäste. Die Generation, die nach der Revolte kam, Frankfurt am Main 1992.
Neumann, Franz, Behemoth. Struktur und Praxis des Nationalsozialismus 1933–1944, hg. und mit einem Nachwort von Gert Schäfer, Frankfurt am Main 1984.
Picker, Henry, Hitlers Tischgespräche im Führerhauptquartier. Entstehung, Struktur, Folgen des Nationalsozialismus, ungekürzte Ausgabe, Berlin 1997.
Schmitt, Carl, Verfassungsrechtliche Aufsätze aus den Jahren 1924–1954. Materialien zu einer Verfassungslehre, 3. Aufl., Berlin 1985.
Schmitt, Carl, Der Begriff des Politischen. Text von 1932 mit einem Vorwort und drei Corollarien, Berlin 1979.
Sieferle, Rolf Peter, Epochenwechsel. Die Deutschen an der Schwelle zum 21. Jahrhundert, Berlin 1994.
Ulrich, Bernd, Deutsch, aber glücklich. Eine neue Politik in Zeiten der Knappheit, Berlin 1997.

Bernd Ulrich

Deutsch, aber glücklich

Eine neue Politik in Zeiten der Knappheit

Band 14289

Nie wieder werden so viele Menschen so reich und so sicher leben wie in den westlichen Wohlstandsgesellschaften am Ende des 20. Jahrhunderts. Politiker und Bürger stehen vor einer völlig neuen Herausforderung: In Zukunft muß weniger Wohlstand genügen, um Sozialstaat und Demokratie zu erhalten – und um glücklich zu sein. Ob und wie eine solche »Wende zum Weniger« gelingen kann, erkundet Bernd Ulrich in seinem bei Erscheinen als »eines der besten politischen Bücher dieses Jahres« gelobten Essay.

»Hält dem Wohlstandsstaat den Spiegel vor – radikal und unbequem.« *Capital*

»Ein erhellendes, ein kluges Buch.«
Frankfurter Allgemeine Zeitung

Fischer Taschenbuch Verlag

fi 93 / 15

Martin Kempe

Die Jobwende

Wie man Arbeit schafft

Band 14156

Über das Ziel – Überwindung der Arbeitslosigkeit – besteht ein breiter gesellschaftlicher Konsens. Nicht aber über den Weg dorthin. Klar ist: Die alten Rezepte greifen nicht mehr. Wachstum gibt es heute ohne neue Arbeitsplätze. Noch ist der Sozialstaat stark genug, die sozialen Konflikte im Zaum zu halten. Nur ein neuer »sozialer Kompromiß« aller gesellschaftlichen Gruppen kann aus dem gegenwärtigen Stillstand herausführen. So lautet die zentrale These des Autors, der die Chancen für eine solche Reform auslotet: Welche Möglichkeiten gibt es, die knapper werdende Erwerbsarbeit neu zu verteilen? Wie kann man die schlummernden Potentiale ungetaner, aber gesellschaftlich erwünschter Arbeit wecken? Welche Finanzierungsmöglichkeiten gibt es für eine solche aktive Arbeitsmarktpolitik? Und welche Antworten geben die sozialpolitischen Programme von Regierung, Opposition, Gewerkschaften, Arbeitgebern, Kirchen und Verbänden? Gibt es eine Chance für die gesellschaftspolitische Neugründung der Bundesrepublik, für den Weg vom Sozialstaat zur sozialen Gesellschaft?

Fischer Taschenbuch Verlag

fi 16 / 15